삶의 지혜

The Art of living

삶의 지혜

The Art of living

THICH NHAT HANH

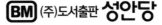 (주)도서출판 성안당

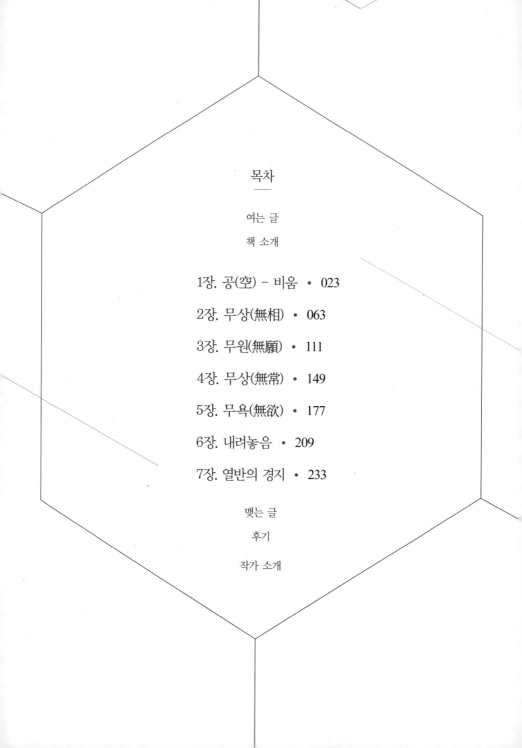

목차

여는 글

책 소개

1장. 공(空) – 비움 · 023

2장. 무상(無相) · 063

3장. 무원(無願) · 111

4장. 무상(無常) · 149

5장. 무욕(無欲) · 177

6장. 내려놓음 · 209

7장. 열반의 경지 · 233

맺는 글

후기

작가 소개

마음 다함의 삶

1959년, 틱낫한 스님이 쭈어 싸 러이(Xa Loi Temple)에서 배움을 전파하고 있다는 소식을 처음 접했다. 당시 틱낫한 스님은 젊은 승려이면서 이미 유명한 시인이자 뛰어난 학자였고, 나는 인생과 불교에 대해 매우 관심이 많은 대학생이었다.

나는 스님의 첫 강연을 듣고 깊은 인상을 받았다. 그렇게 아름답고 심오한 강연을 하는 스님은 난생 처음 보았기 때문이다. 스님의 학식과 지혜 그리고 고대의 가르침에 깊숙이 뿌리를 두고 있으면서도 우리 시대가 꼭 필요로 하는 실용적 불교에 대한 확실한 비전을 보여주는 설법을 듣고 나는 완전히 매료되었다. 당시 나는 빈민가를 중심으로 실시하는 사회사업에 한창 열심히 참여하고 있었고,

기아 퇴치와 사회적 변화를 조성하려는 꿈에 부풀어 있었다. 하지만 가까운 주변 사람들 중에도 내 꿈을 지지해 주는 이들이 드물었다. 그런데 '터이'(우리는 틱낫한 스님을 '터이'라고 부른다. 'Thầy'는 베트남어로 스승을 칭하는 단어다)만은 응원을 아끼지 않았다. 누구든 자신이 가장 즐거워하는 일을 통해서 다른 사람에게 깨달음을 줄 수 있다는 확신에 찬 응원의 말씀도 해주셨다. 또 있는 그대로의 내 모습으로 최대한 진지하게 마음을 다해서 살아가는 것이 무엇보다 중요하다는 조언도 주셨다. 그때 나는 비로소 내 인생에서 진정한 스승을 만나게 되었구나 하는 생각이 들었다.

50여 년이 흐른 지금까지도 나는 틱낫한 스님과 함께 공부하고 일할 수 있는 호사를 누리고 있다. 베트남에서 사회사업 프로그램을 조직하고, 파리에서 평화사업을 펼치고, 공해상을 떠도는 보트피플(Boat People, 월남의 패망 직후 보트를 타고 해로로 탈출한 베트남 난민을 이르는 말)을 구출하고, 틱낫한 스님이 유럽과 북미 그리고 아시아에 명상센터를 설립하는 일을 도왔다.

그동안 나는 하루가 멀다 하고 세상에 도전해야 하는 우리 세대에 발맞추어 '터이'의 가르침이 끊임없이 변화하는 과정을 똑똑히 볼 수 있었다. 또한 스승의 가르침이 얼마나 큰 진보와 깊은 깨달음을 전파했는지도 확인할 수 있었다.

틱낫한 스님은 과학, 건강, 정치, 교육, 비즈니스 그리고 기술 분야의 리더들과 심도 깊은 대화를 나누면서 현대 사회에 대한 견문을 넓히기 위해 노력했으며, 나아가 현대에 걸맞게 더욱 효과적인 마음 다함 수련 방식을 발전시켜 왔다.

2014년 11월 여든여덟이 되던 해, 예기치 못한 뇌졸중이 닥치기 전까지 '터이'는 근본적인 불교도의 가르침을 위해 새롭고도 놀라운 통찰력을 갈고 닦는 일을 게을리하지 않았다. 때로는 걷기 명상을 마치고 기쁜 표정을 지으면서 돌아와 붓을 들고 명상 중에 느낀 통찰들을 짤막한 캘리그라피로 남기기도 했는데, 그중 대부분이 이 책 속에 수록되어 있다.

이번에 여러분에게 소개하는 책은 '터이'의 가르침을 받은 수도승들이 편집에 참여하여, 지난 2년간 스승님에게 배운 마음 다함의 삶에 대한 지혜들을 하나로 집대성한 작품이다. 특히 2014년 6월, 프랑스의 플럼 빌리지(Plum Village) 수련원에서 있었던 21일간의 연수과정에서 스승님이 강연했던 '죽음 후에 어떤 일이 벌어지는가?'와 '살아 있을 때는 어떤 일이 벌어지는가?' 등 획기적인 가르침의 골자를 책 속에 그대로 담았다.

나 역시 스승님의 가르침 속에 새겨진 여러 가지 진리를 통해서 커다란 감명을 받았다. 틱낫한 스님은 삶의 지혜를 아는 진정한 스승이다. '터이'는 삶을 소중하게 여겼고, 그동안 본인이 맞서야 했던 전쟁과 도피, 배신과 건강 악화 등의 온갖 고난 속에서도 끝까지 삶을 포기하지 않는 모습을 보였다. 또한 마음 다함의 호흡과 현재 이 순간의 기적을 안식처로 삼았다. 때문에 '터이'는 진정한 생존자이다. 제자들과 명상 공동체, 그리고 명상과 의식적 호흡, 걷기와 자연에서 얻은 평온함 덕분에 지금까지 살아남을 수 있었을 것이다.

이 책을 통해 지금도 전쟁과 고행, 또 평화와 조화의 시대를 살아가고 있을 여러분에게 한 치의 두려움 없이 오직 자비심과 신념, 그리고 희망을 가지고 삶의 기쁨과 고통을 있는 그대로 포용했던 '터이'의 가르침을 고스란히 전할 수 있을 것이라고 확신한다. 모쪼록 이 책을 읽는 모든 독자들이 틱낫한 스님의 가르침을 일상생활에서 실천할 수 있기를 바란다. 책을 읽으면서 틱낫한 스님의 걸음을 따라가다 보면, 치유와 사랑 그리고 행복이 여러분 자신과 가족, 나아가 전 세계로 전해질 수 있을 것이다.

제자 쩐콩

일곱 가지 삶의 지혜

우리는 지구와 너무 가까이 있어서 가끔씩 지구가 얼마나 아름다운지 잊고 삽니다. 우주에서 바라보면, 우리가 살고 있는 푸른 행성은 놀라울 만큼 생동감이 느껴지지요. 그야말로 광활하고 황량한 우주 한가운데 떠 있는 살아 있는 천국인 셈입니다. 처음 달에 갔던 우주 비행사들도 황량하기 짝이 없는 달의 지평선 위로 떠오르는 지구를 보고 깜짝 놀랐을 정도였다고 합니다. 우리는 달에 나무도 강도 새도 살지 않는다는 것을 잘 알고 있습니다. 지금까지 알려진 바로는 지구 말고 어떤 행성에도 생명체의 흔적이 발견되지 않았습니다. 우주 정거장의 높은 궤도 위에 머물고 있는 우주 비행사들은 자유 시간 대부분을 저만치 아래 보이는 숨 막히는 지구의 모습을 보며 사색하는 데 사용한다고 알려져 있지요. 그들은 멀리서 바라보는 지구의 모습이 하나의 거대한 생명체이며, 살아 숨 쉬는 유기체처럼 느껴진다고 말합니다. 그런 아름답고 놀라운 지구의 모습을 보는 우주 비행사들은 이 거대한 지구에 대해 엄청난 애정을 느낀다고 합니다. 그 작은 행성 위에 수십 억이 넘는 지구인들이 기쁨과 행복 그리고 고통을 겪으며 바삐 살아가고 있다는 것을 알고 있기 때문이지요. 물론 폭력과 전쟁, 기근과 환경 파괴도 벌어지고 있습니다. 동시에 이 아름답고 작고 푸른 행성이 매우 소중한 곳이며 자칫하면 파괴될 수 있고 무엇으로도 대신할 수 없는 곳이라는 것도 잘 알고 있습니다. 한 우주 비행사는 이렇게 말했습니다. "우리는 기술자로 달에 착륙했고 인도주의자가 되어 지구에 돌아왔다."

과학은 끝없는 이해를 추구합니다. 우리로 하여금 저 멀리 있는 달들과 은하계 그리고 거대한 우주 속에 있는 지구를 이해하도록 도와주고 우리 주변 문제의 구조나 살아 있는 세포, 인간의 신체를 파악할 수 있도록 해주지요. 과학은 철학처럼 존재의 본질과 삶의 의미를 이해하는 것과 밀접한 연관이 있습니다.

영성(靈星)도 이 같은 연구와 학습의 영역으로 볼 수 있습니다. 우리는 자신과 우리 주변의 세상을 이해하고 지구에서 살아가는 것이 어떤 의미인지 알고 싶어 합니다. 우리가 진짜 어떤 존재인지 그리고 우리가 겪는 고통이 무엇인지 제대로 이해하기를 원합니다. 우리가 겪는 고통을 이해하는 것은 우리들을 수용과 사랑이라는 단계로 이끌며, 그것이 바로 우리 삶의 질을 결정합니다. 누구나 남들에게 이해받고 사랑받기를 원합니다. 그리고 타인을 이해하고 사랑하기를 원하지요.

영성은 종교가 아닙니다. 그저 우리로 하여금 행복과 이해 그리고 사랑을 느끼도록 하여 우리 삶의 모든 순간을 심오하게 살아가도록 해주는 지침서 같은 것입니다. 생활 속에 영적인 면을 가진다고 해서 삶에서 탈피하거나 이 세상 밖의 신성한 장소에 머무는 것을 의미하지는 않습니다. 오히려 인생의 어려움을 이겨내고 지금 우리가 머무는 이 지구라는 아름다운 행성에서 평화와 기쁨 그리고 행복을 느낄 수 있는 방법을 찾도록 도와주는 것입니다.

불교에서 마음 다함과 명상, 그리고 깨달음을 수련하는 정신은 과학의 정신과 매우 밀접하게 연관되어 있습니다. 게다가 값비싼 도구도 필요하지 않지요. 그저 맑은 정신과 사물을 깊이 간파하는 고요함 그리고 열린 마음과 차별 없는 눈으로 현실을 탐구하려는 자세가 필요할 따름입니다. 우리는 어디에서 왔으며 어디로 가는지 알고 싶습니다. 그리고 무엇보다도 모두 행복해지기를 원합니다. 인류애는 수없이 많은 재능 있는 예술가와 음악가, 건축가를 만들어냈습니다.

하지만 우리 중 얼마나 많은 사람들이 자신과 주변 사람들을 위해 행복한 순간을 창조하는 기술을 완벽하게 습득했다고 할 수 있을까요?

지구상에 존재하는 다른 종(種)들처럼, 우리도 언제나 최상의 가능성을 지닌 상태로 삶을 살아갈 수 있는 이상적인 상태를 추구합니다. 그저 생존하는 것이 아닌 그 이상의 상태를 원하니까요.

우리는 삶을 영위하고 싶어 합니다. 하지만 산다는 것은 무슨 의미일까요? 죽는다는 것은 또 무슨 의미일까요? 삶의 마지막 순간 어떤 일이 벌어질까요? 사후 세계란 정말 존재하는 것일까요? 그렇다면 환생도 가능할까요? 우리가 사랑했던 사람들을 다시 만날 수 있는 걸까요? 우리 영혼이 열반의 경지에 이르고 신을 조우하고 또 천국에 갈 수 있을까요? 우리는 모두 이러한 물음들을 마음속에 가지고 있습니다. 때로는 그런 말을 입 밖에 꺼내기도 하고 반대로 마음에 담아 두기도 하지만 여전히 의문점이 남아 있는 것이 사실입니다. 지금까지 살아온 인생을 되돌아보거나 사랑했던 이를 떠올리거나 혹은 나이 들고 병든 부모님 혹은 이미 세상을 떠난 부모님을 생각할 때마다 이러한 물음이 하나둘씩 뇌리를 스치곤 합니다.

삶과 죽음에 관한 이러한 궁금증에 대해서 우리는 어떻게 대답할 수 있을까요? 제대로 된 근거를 바탕으로 한 올바르고 지혜로운 대답이 필요하겠지요. 이것은 신념이나 믿음이 아닌 깊은 통찰에 관한 질문입니다. 명상이란 사물을 자세히 살피고 다른 사람들이 보지 못하는 부분까지, 나아가 우리가 겪는 고통의 이면에 깔린 잘못된 관점까지도 살필 수 있는 것을 의미합니다. 이런 과정을 통해서 잘못된 관점에서 탈피할 수 있을 때에 우리는 평화와 해탈 속에서 행복한 삶의 지혜를 완전히 습득할 수 있습니다.

우리가 가장 먼저 버려야 하는 잘못된 관점은 우리가 이 세상의 나머지 것들과 완전히 동떨어진 존재라는 생각입니다. 대부분의 사람들은 스스로를 어느 순간에 세상에 태어나 어느 순간에 죽게 되는 그저 별개의 존재로 생각하는 경향이 있습니다. 그런 잘못된 관점은 우리가 살아 있는 동안 영원히 계속되기도 하지요. 이런 잘못된 관점을 가지고 있는 한 우리는 고통받을 수밖에 없습니다. 그러다 보면 우리 주변 사람들에게 고통을 주고 다른 생명체들에게 위해를 가하고 우리의 소중한 지구까지 망가뜨리게 될 것입니다. 두 번째 잘못된 관점은 대부분의 사람들이 우리 존재는 그저 우리의 신체에 국한되어 있어 죽고 나면 존재도 사라지고 만다는 생각에서 기인합니다. 이런 잘못된 관점은 우리의 눈을 가려서 주변 세상과 상호 연결되어 있는 모든 것들, 그리고 죽음 후에도 이 세상과 연결되어 있다는 사실을 볼 수 없도록 만듭니다. 세 번째 잘못된 관점은 대부분의 사람들이 추구하는 행복이나 천국, 혹은 사랑이 오직 먼 미래가 되었을 때에 우리의 밖에서만 찾을 수 있을 것이라는 잘못된 사고입니다. 우리는 지금 이 순간 우리 내면에서 그러한 행복과 사랑을 찾을 수 있다는 것을 깨닫지 못한 채 삶의 대부분을 행복과 사랑을 쫓고 또 기다리면서 보내고 있습니다.

이러한 세 가지 잘못된 관점으로부터 우리를 자유롭게 만들어 줄 수 있는 세 가지 기본적인 수련 방법이 존재합니다. 바로 공(空)과 무상(無相, signlessness), 무원(無願, aimlessness)에 집중하는 것인데요. 공과 무상, 그리고 무원은 삼해탈문(三解脫門)으로도 알려져 있으며 불교 교리를 배울 때 항상 등장하는 주제입니다. 이러한 세 가지에 집중하다 보면 삶이 어떤 의미인지, 죽음이 무엇인지를 바라보는 깊은 통찰력을 느낄 수 있게 됩니다. 이러한 삼해탈문은 슬픔과 분노, 외로움과 소외의 감정이 서서히 변화할 수 있도록 도와줍니다. 또 잘못된 관점에서 벗어나 현재의 삶을 더욱 충만하고 깊이 살아갈 수 있도록 해주며, 죽음과 죽는다는 것을 두려움이나 절망 혹은 분노 없이 마주할 수 있도록 해줍니다.

그리고 무상(無常, impermanence)과 무욕(無欲, non-craving), 내려놓음, 열반이라는 다른 네 가지 집중 수련에 대해 탐구해 볼 수도 있습니다. 이는 초기 불교의 훌륭한 경전, 입출식념경(入出息念經, Anapanasati-Sutta) 즉 호흡을 통한 마음 다함에 관한 가르침에서 찾아볼 수 있지요. 무상에 집중하다 보면 나와 내가 사랑하는 사람이 영원히 이곳에 머물 수 있다는 잘못된 경향으로부터 자유로워질 수 있도록 해줍니다. 무욕에 집중하면 여유롭게 자리에 앉아서 진정한 행복이 무엇인지를 생각해 볼 수 있는 기회가 생깁니다. 그러면 바로 지금이 순간, 우리는 행복해질 수 있는 모든 조건들을 이미 넘치도록 가지고 있음을 깨닫게 되겠지요. 내려놓음에 집중하면 고통에 얽매인 상태에서 벗어나 새롭게 변화하고 힘든 감정에서 탈피할 수 있게 됩니다. 이렇게 세 가지에 집중하다 보면 평온의 경지에 이르고 비로소 열반이라는 자유에 이르게 됩니다.

앞서 언급한 일곱 가지 집중 수련법은 매우 실용적인 것들입니다. 이를 실천하다 보면 우리를 깨워 현실을 느낄 수 있습니다. 지금 우리가 가진 것에 감사할 수 있고 지금, 여기 이 순간 진정한 행복을 느낄 수 있게 되는 것입니다. 또한 앞으로 우리에게 남은 시간을 소중히 여기도록 해주며 사랑하는 이와 화해할 수 있도록 해주고, 고통을 사랑과 이해의 감정으로 바꾸어 줍니다. 바로 이것이 삶의 지혜인 것입니다.

우리는 마음 다함과 명상, 그리고 통찰을 통해서 살아 있다는 것과 죽음이 각각 어떤 의미인지 이해해야 할 필요가 있습니다. '통찰력'이라는 단어는 과학적인 것이나 영적인 부분에 있어서도 사용할 수 있지만, 이러한 통찰력을 더욱 견고하게 꽃피우는 것은 바로 '명상'이라는 수련을 통해서만 가능합니다.

우리는 과학적이고 영적인 통찰력 덕분에 21세기를 살아가는 전 인류를 고통에 빠트리는 원인을 알아내고 이를 정복할 수 있는 기회를 얻습니다. 만약 20세기를 개인주의와 소비라는 특징으로 규정지을 수 있다면, 21세기는 새로운 형태의 연대감과 친밀감을 탐구하려는 노력을 통한 상호 연결의 통찰로 규정할 수 있을 것입니다.

공(空)과 무상(無相), 무원(無願), 무상(無常)과 무욕(無欲), 내려놓음 그리고 열반이라는 일곱 가지를 명상하다 보면, 상호 의존이라는 광명 속에서 모든 사물을 바라보게 됩니다. 나아가 잘못된 관점에서 자유로워질 수 있으며 편견이라는 마음의 벽을 허물게 될 것입니다. 여기서 말하는 자유란 자기 파멸이나 혹은 다른 나라의 파멸 혹은 자연의 파괴를 불러오는 자유를 의미하는 것이 아닙니다. 외로움과 분노, 미움과 두려움, 욕심과 절망으로부터 우리를 진정 자유롭게 만들어 주는 것을 뜻합니다.

부처님의 가르침은 매우 명확하고 효과적이며 이해하기 쉽습니다. 그 가르침은 우리의 사적인 이익만이 아니라 세상의 모든 생명체를 위한 삶의 길을 열어줍니다. 우리는 우리가 살아가는 지구의 운명을 결정할 힘을 가지고 있습니다. 불교는 지금까지 우리가 보앉던 그 어느 것보다도 명확한 인류애를 보여주었습니다. 우리의 통찰력과 행동이 인류를 구원해 줄 것입니다. 우리가 처한 상황을 진실한 눈으로 바라볼 수 있게 된다면 우리 의식에도 여러 가지 변화가 생길 테니까요. 그렇다면 충분히 희망이 있습니다.

그러니 앞서 말한 일곱 가지에 집중하며 깊은 통찰력을 현실로 만들어, 우리의 상황과 고통에 어떠한 빛이 비치는지 탐구해 보도록 합시다. 만약 책을 읽는 도중에 낯선 곳에 있는 기분이 들면 깊이 호흡해 보세요. 이 책은 모두가 함께 떠나는 여행과 같습니다. 숲길을 따라 걸으며 우리가 사는 소중한 지구의 숨 막힐 정도로 아름다운 광경을 함께 즐기는 여행 말입니다. 때로는 아름다운 나무껍질이 있는 나무도 만날 테고 멋들어진 암벽도 볼 수 있을 테고 길가에 생기 넘치는 이끼가 자라는 모습과 마주칠 수도 있겠지요. 그러면 동행자와 함께 아름다운 풍경을 감상하고 싶은 마음이 들 겁니다. 때로는 길가에 자리를 펴고 앉아서 함께 점심 도시락을 먹을 수도, 먼 길을 가다가 맑은 샘물을 떠마실 수도 있을 테지요. 이 책은 바로 그 샘물과 같습니다. 때로 어딘가에 멈춰서 쉬고 싶을 때, 시원한 물로 목을 축이고 싶을 때, 혹은 그저 자리에 앉아 쉬고 싶을 때가 오겠지요. 그럴 때 우리 모두가 평온함을 느낄 수 있다면 그것으로 충분합니다.

평온

현재 머물고 있는 프랑스 근교 명상 공동체 '플럼 빌리지'에는 '빗소리를 듣는 베란다'라는 이름이 붙은 공간이 있습니다. 실제로 빗소리를 듣기 위한 목적으로 그 공간을 만들었습니다. 그래서 베란다에 앉아서 다른 아무것도 생각할 필요 없이 내리는 빗소리를 들을 수 있지요. 빗소리를 듣는 것은 마음의 고요함을 느끼는 데 도움이 되니까요.

마음속에서 평온함을 느끼는 것은 어렵지 않습니다. 그저 한 가지에만 집중하면 됩니다. 내리는 빗소리에 마음을 쏟으면서 다른 것은 떠올리지 않는 겁니다. 일부러 평온함을 느끼려고 애쓸 필요도 없습니다. 그저 온몸의 긴장을 풀고 빗소리를 듣기만 하면 됩니다. 그렇게 점차 빗소리에 집중하는 시간을 늘리다 보면 마음의 평온도 깊어질 것입니다.

이렇게 가만히 앉아 있으면 모든 사물의 진정한 모습을 볼 수 있습니다. 온몸의 긴장이 풀리고 마음이 평온해지면 사물을 더욱 명확히 볼 수 있지요. 비로소 산속의 호수처럼 투명하고 잔잔한 상태가 되는 것입니다. 마치 파란 하늘과 하얀 구름, 그리고 주변을 둘러싼 바위투성이의 봉우리를 있는 그대로 비추고 있는 잔잔하고 맑은 호수처럼 말입니다.

마음이 불안한 상태로 쉼 없이 살다 보면 거센 비바람이 몰아치는 날의 호수처럼 현실을 명확히 볼 수 없게 됩니다. 그런 날에는 수면 위로 물결이 일어 잔뜩 일그러진 하늘을 담아내곤 하지요. 하지만 최대한 신속하게 평온함을 되찾는다면 더욱 깊은 곳까지 볼 수 있으며 비로소 진실을 마주하기 시작할 겁니다.

수행법 : 마음 다함 호흡

의식적 호흡(mindful breathing)은 몸과 마음을 차분하게 만들고 고요함과 평화를 되찾게 하는 좋은 방법입니다. 의식적으로 호흡을 가다듬는 것은 전혀 어렵지 않습니다. 어린아이도 쉽게 따라할 수 있을 정도로 쉬운 일이지요.

의식을 다해 호흡을 하면 온몸과 마음이 조화로운 상태가 되고 호흡의 경이로움에 집중하게 됩니다. 우리가 내쉬는 호흡은 음악처럼 아름답습니다.

호흡을 마실 때, 여러분은 호흡을 마시고 있다는 것을 느낍니다. 모든 정신을 들이쉬는 숨에 집중합니다. 호흡을 마실 때, 고요함이 느껴지며 온몸이 조화로운 상태가 됩니다.

호흡을 내쉴 때, 여러분은 호흡을 내쉬고 있다는 것을 느낍니다. 숨을 내쉬면서 긴장이 풀리고 온몸이 편해지며 무욕의 상태가 됩니다. 얼굴과 어깨의 모든 근육이 이완되도록 합니다.

억지로 숨을 들이쉬고 내쉴 필요는 없습니다. 굳이 애쓰지 않아도 됩니다. 일부러 호흡을 조절하려고 하지도 마세요. 자연스럽게 호흡을 느끼기만 하면 됩니다.

호흡을 마시고 내쉬면서 누군가 바이올린의 긴 선율을 연주하고 있다고 상상해 보세요. 얇은 현을 따라 긴 활이 앞뒤로 천천히 움직인다고 말입니다. 이제 바이올린 선율이 길게 이어집니다. 지금 여러분의 호흡을 그림으로 표현한다면, 긴 직선이 아니라 8자로 구부러진 선처럼 보일 겁니다. 호흡이 짧게 끊기는 것이 아니라 들숨과 날숨이 바이올린 선율처럼 길게 이어지고 있을 테니까요. 여러분의 호흡은 그 자체로 음악과 같습니다.

이렇게 의식적으로 호흡을 내쉬고 그 호흡을 계속 유지하면 바로 그 자체로 집중이 됩니다. 집중을 하면 돌파구가 생기듯 통찰력이 생기고 삶에서 더 큰 평화와 이해, 사랑과 기쁨을 느낄 수 있습니다.

호흡을 계속하기 전에 잠시 동안 우리 호흡이 더해져 만들어내는 아름다운 선율에 귀를 기울여 봅시다.

들이쉬는 숨에, 나의 들숨을 즐긴다.
내쉬는 숨에, 나의 날숨을 즐긴다.

들이쉬는 숨에, 나의 온몸과 들이쉬는 숨이 조화를 이룬다.
내쉬는 숨에, 나의 온몸과 내쉬는 숨이 고요해진다.

들이쉬는 숨에, 나의 온몸이 들이쉬는 숨의 고요함을 즐긴다.
내쉬는 숨에, 나의 온몸이 내쉬는 숨의 이완을 즐긴다.

들이쉬는 숨에, 나의 들숨의 조화로움을 즐긴다.
내쉬는 숨에, 나의 날숨의 조화로움을 즐긴다.

제 1 장

공(空)

비움

1장

공(空) – 비움

'어울려 존재함'의 경이로움

공이란 모든 것들로 가득 차 있으나
동떨어진 존재들의 비어 있음을 의미한다.

아름답게 피어 있는 꽃을 머릿속에 잠시 그려 보세요. 장미나 난
초, 아니면 길가에 자라난 조그만 데이지 꽃도 괜찮습니다. 그 꽃을
자세히 들여다보면 생명으로 가득 차 있음을 깨달을 수 있습니다.
축축한 흙과 빗물, 그리고 따사로운 햇볕을 머금고 있지요. 또한 구
름과 짠 바닷물 그리고 무기질로 가득 차 있을 겁니다. 그뿐인가요,
한 송이 꽃 속에는 시간과 공간도 담겨 있습니다. 사실 여러분이 상
상한 조그만 꽃 속에 거대한 우주가 존재하고 있는 것이지요. 만약
그 수많은 것들 중에서 단 하나의 '꽃이 아닌' 요소들을 끄집어내면
그 꽃은 존재할 수 없게 됩니다. 비옥한 토양의 영양소가 없다면 꽃

은 자랄 수 없겠지요. 빗물과 햇빛이 없다면 그 꽃은 말라죽고 말 겁니다. 그리고 '꽃이 아닌' 모든 요소들을 없애버린다면 우리가 '꽃'이라고 부를 수 있는 실제적인 존재는 영영 사라져버리고 맙니다. 여기서 살펴본 것처럼 한 송이의 꽃 속에는 우주 만물이 존재하지만 동시에 동떨어진 자기 존재들의 비어 있는 상태인 것입니다.

우리도 마찬가지입니다. 우리 안에는 수많은 것들이 존재하지만 동시에 다른 것들이 비어 있는 것이지요. 한 송이 아름다운 꽃처럼, 우리 안에도 흙과 물, 공기와 햇빛, 그리고 따뜻한 온기가 존재합니다. 우리 안에는 거대한 공간과 의식도 존재하지요. 우리의 선조와 조부모님과 부모님도 있으며 배움과 음식 그리고 문화도 들어 있습니다. 결국 인간이라는 경이로운 존재를 창조하기 위해 우주 만물이 하나로 합쳐져 있다는 뜻이지요. 그중에서 '우리가 아닌' 요소 하나만 끄집어내도 '우리'는 존재할 수 없게 됩니다.

● ● ●

공(空) : 해탈의 첫 번째 관문

그렇다고 비움이 무(無)를 의미하는 것은 아닙니다. 나를 비워냈다고 해서 우리가 존재하지 않는 것이 아닌 것처럼 말입니다. 무엇을 채우거나 비우기 위해서는 먼저 그것이 존재해야 하지 않을까요? 잔이 비었다고 말하려면, 우선 그 잔이 존재해야 '비어 있다'고

할 수 있습니다. 그러니까 우리를 비웠다고 말할 때에는 먼저 우리가 '영원히 분리된 자아'로서 존재해야 하는 것이지요.

지금으로부터 삼십 몇 년 전, 나는 인간과 만물 간의 심오한 상호적 관계(interconnection)를 제대로 표현할 수 있는 영어 단어를 찾으려 했습니다. 처음에는 '함께함(togetherness)'이라는 단어도 마음에 들었지만, '어울려 존재함(interbeing)'이라는 단어가 더욱 마음에 와닿았습니다. '존재함(to be)'이라는 동사는 우리 인간만 외따로 존재할 수 없으므로 자칫 오해의 여지를 살 수 있기 때문입니다. '존재함'이란 언제나 '어울려 존재함'을 의미합니다. 만약 '존재함(to be)'이라는 동사에 접두어 'inter(안에서)'를 더하면 '어울려 존재함(inter-be)'이라는 새로운 동사를 얻게 되지요. 따라서 '어울려 존재함'은 현실을 더 정확히 표현하는 단어인 셈입니다. 이처럼 우리는 각기 다른 것들과 모든 생명체들과 서로 어울려 존재하고 있습니다.

생물학자 루이스 토마스(Lewis Thomas)의 글을 매우 감명 깊게 읽은 적이 있는데, 이런 내용이 있습니다. 그는 인간은 몸속의 셀 수 없이 많은 미세한 유기체들에 의해 '공유되고 빌린 상태로 사용 중'이라고 표현합니다. 그 유기체들이 없다면 우리는 '근육을 움직일 수도 손가락을 까딱거릴 수도 생각을 할 수도' 없다고 말이지요. 우리 신체는 하나의 거대한 공동체이고 우리 몸속에는 인간 세포보다 훨씬 더 많은 비(非)인간 세포들이 존재하고 있다는 뜻입니다. 그것들이 없다면 우리는 지금 이 순간 존재할 수 없을 겁니다. 그럼 생각을 할 수도 감각을 느낄 수도 말을 할 수도 없겠지요. 그의 말을 빌면 그 누구도 홀로 존재할 수 없습니다. 우리가 살고 있는 세상은 살아 숨 쉬는 거대한 세포이고 각각의 다른 부분들과 유기체적으로 연결되어 공생하고 있습니다.

· · ·

어울려 존재함의 통찰

우리 일상생활 속에서도 비움과 어울려 존재함의 사례를 쉽게 찾아볼 수 있습니다. 조그만 아이를 잘 살펴보면, 아이의 어머니와 아버지, 할머니와 할아버지의 모습을 찾아볼 수 있지요. 겉모습과 아이의 행동은 물론 말투에서도 나타납니다. 아이의 타고난 자질과 재능조차도 부모님과 똑같이 닮아 있는 걸 볼 수 있습니다. 때로는 아이의 특별한 행동이 이해되지 않을 때도 있는데 이럴 때는 그 아이가 독립된 개체가 아니라는 사실을 떠올리면 쉽게 이해할 수 있습니다. 그 아이는 연속된 존재이기 때문이지요. 한 아이 안에는 부모님과 선조들의 모습이 담겨 있습니다. 그래서 아이가 걷고 말할 때, 부모님과 선조들이 함께 걷고 말하는 것이지요. 그 아이를 잘 들여다보면 부모와 선조들을 느낄 수 있으며 반대로 부모를 보면 아이의 모습을 그려 볼 수 있습니다. 인간은 오롯이 홀로 존재하는 것이 아닙니다. 우리 모두는 서로 어울려 존재하고 있습니다. 우주 만물은 서로 의존적인 관계를 통해서 더욱 명확한 실체를 가질 수 있는 것이니까요. 하늘에 떠 있는 별도 구름도 꽃도 나무도 여러분도 또 저 역시 그렇습니다.

언젠가 런던의 거리를 걸으며 행선(行禪)을 하던 때가 떠오르는군요. 우연히 길을 걷다가 서점 창가에 놓여 있는 『나의 어머니와 나 자신』이라는 제목의 책을 보게 됐습니다. 물론 그 책을 사서 읽지는 않았습니다. 제목만 봐도 어떤 내용일지 대번에 알 수 있었기 때문입니다. 우리 모두는 어머니와 연속된 선상에 존재하고 있다는 것은 진실이며 따라서 우리는 어머니와 함께 존재하고 있습니다. 그래서 어머니나 아버지에게 화를 낼 때 우리 스스로에게도 화가 나는 것입니다. 우리가 무엇을 하든 부모님도 우리와 함께 그 일을 하고 있는 것이나 마찬가지입니다. 받아들이기 힘든 이야기일지 모르나 분명한 사실입니다. 나라는 존재가 부모님과 전혀 연관되지 않았다고 부정할 수는 없습니다. 부모님은 우리 안에 존재하고 부모님 안에 우리가 존재하고 있습니다. 선조들과 우리가 함께 존재하고 있는 것입니다. 다행히 우리라는 존재가 무상(無常)한 것이기에 선조에게 물려받은 유산을 이로운 방향으로 바꿀 기회를 가지고 있는 것이지요.

저는 불단에 향을 올리고 절을 올릴 때에도 개별적인 자아가 아닌 모든 선조들과 함께하고 있습니다. 걷고 앉고 먹고 심지어 캘리그라피를 할 때에도, 매 순간 나의 선조들이 함께 있음을 인지하고 있습니다. 이처럼 우리는 선조들과 연속선상에 존재하고 있습니다.

　그래서 무엇을 하든 이런 정념의 에너지가 '나 혼자'가 아닌 '우리'로서 그 일을 하고 있는 셈이지요. 캘리그라피를 하려고 붓을 들 때마다 제 손에서 아버지를 지울 수 없습니다. 물론 어머니와 선조들도 모두 지울 수 없다는 사실을 알고 있습니다. 그들은 내 몸속에 있는 세포 속에, 나의 행동 하나하나에, 그리고 아름다운 원을 그리는 나의 손짓 속에 지금도 존재하고 있으니까요. 물론 영적인 스승님들도 제 손 위에 깃들어 있습니다. 동그랗게 원을 그리면서 느껴지는 평화로움, 정념 그리고 명상 속에 여전히 존재하고 있는 것이지요. 우리 모두가 함께 원을 그리고 있는 셈입니다. 동떨어진 존재가 원을 그리는 것이 아닙니다. 그 순간 '나'라는 존재는 무아(無我)의 깊은 통찰과 맞닿아 있습니다. 이는 명상의 심오한 수련을 가능케 해줍니다.

　직장에서나 집에서도 우리는 선조들과 스승이 나의 행동과 함께 하고 있음을 느끼는 수행을 할 수 있습니다. 부모님께 물려받은 재능이나 기술을 뽐낼 때에도 그들의 존재를 느낄 수 있겠지요. 음식을 만들고 설거지를 하면서도 우리 손에 부모님의 손이 깃들어 있음을 볼 수 있습니다. 그렇게 심오한 연관성을 경험하며 나 자신이 분리된 자아라는 생각으로부터 우리 스스로를 자유롭게 만들 수 있습니다.

• • •
흐르는 강물처럼

여러분은 광활한 우주를 가로질러 주변의 모든 사물과 사람들과 관계를 맺고 어울려 존재한다는 점에서 공(空)이란 무엇인지 깊이 생각해 볼 수 있을 것입니다. 또한 시간에 구애받지 않는 무상(無常)이라는 점에서 공이 무엇인지도 깊이 생각해 볼 수 있겠지요. 무상이란 연속된 순간에 변하지 않고 그대로 존재하는 것은 아무것도 없다는 의미입니다. 고대 그리스의 철학자 헤라클레이토스(Heraclitus of Ephesus)는 이렇게 말했습니다.

"같은 강에 두 번 몸을 담글 수는 없다."

강물은 끝없이 흐르고 있어서 잠시 강둑에 올라갔다가 곧바로 다시 물속에 몸을 담근다고 해도 이미 예전의 물이 아니라는 뜻이지요. 이렇듯 찰나의 시간조차 우리를 변하게 만듭니다. 우리 몸속에 세포들도 시시각각 죽었다가 다시 태어나기를 반복하고 있으니까요. 우리의 생각, 인식, 감정 그리고 마음의 상태 역시 순간순간 변하게 마련입니다. 그러니 같은 강에 두 번 몸을 담글 수 없게 되는 것입니다. 반대로 강물도 같은 사람을 두 번 품을 수는 없습니다.

우리의 몸과 마음은 쉼 없이 변화를 거듭하는 연속체입니다. 비록 겉으로는 똑같아 보일지 모르지만, 또한 여전히 같은 이름으로 불릴지라도 우리는 예전과 다른 존재입니다. 제아무리 과학적 도구들이 정교하게 발달했다고 해도, 우리가 영혼이나 자아라고 칭하

030　　|　　The Art of living : 삶의 지혜

는 것은 물론이고 우리 속에 그 어떤 것도 예전의 모습과 같지 않습니다. 일단 무상의 실재를 받아들였다면 다음으로는 무아의 진리도 받아들여야 합니다.

이처럼 공과 무상에 집중하게 되면 우리가 동떨어진 자아라고 생각하는 경향에서 자유로워질 수 있습니다. 이러한 통찰력은 잘못된 관점에 갇혀 있는 우리들을 밖으로 한 걸음 나올 수 있도록 도와줍니다. 사람과 새, 나무와 바위를 보면서도 공(空)의 통찰력을 유지하기 위해 끝없이 수련해야 합니다. 그저 멍하니 앉아서 공에 대해 어림짐작하는 것과는 차원이 다른 문제이지요. 우리는 '공'과 '어울려 존재함' 그리고 무상의 본질을 나 자신과 타인 속에서 꿰뚫어 보기 위해 노력해야 합니다.

예를 들어 볼까요? 여러분은 나를 베트남 사람이라고 부릅니다. 아마도 베트남 스님이라고 확신하겠지요. 하지만 법적으로 볼 때 나는 베트남 여권조차 가지고 있지 않은 사람입니다. 문화적으로 보자면 프랑스와 중국, 그리고 인도의 문화를 골고루 갖추고 있는 쪽입니다. 지금까지 쓴 글들과 가르침을 살펴보면 제 안의 다양한 문화적 흐름을 감지할 수 있을 겁니다. 민족학적으로 보자면 사실상 베트남 인종이라는 건 존재하지 않습니다. 멜라네시아적인 요소와 인도네시아적인 요소, 그리고 몽골리언적인 요소가 결합되어 있다고 봐야 정확할 겁니다. 한 송이 꽃이 '꽃이 아닌' 요소들로 이루어져 있는 것처럼, 틱낫한 역시 '내가 아닌' 요소들로 이루어진 존재인 것이지요. 이렇듯 '어울려 존재함'의 통찰은 비차별적인 지혜를 느낄 수 있도록 도와줍니다. 우리를 자유롭게 만드는 것이지요. 우리는 더 이상 하나의 지리학적 좌표나 문화적 정체성 안에 얽매이는 것을 원치 않습니다. 우리 안에서 전 우주의 존재를 볼 수 있습니다. 공의 통찰력을 가지고 자세히 바라보면 더 많은 것을 발견하고 더 심오한 깨달음을 얻을 수 있습니다. 그러고 나면 자연스럽게 자비와 자유 그리고 두려움이 없는 무외(無畏)의 경지에 이를 수 있게 됩니다.

• • •
진짜 이름으로 불러 주세요

1970년대 어느 날, 파리에서 베트남 불교 평화 대표단으로 활동하던 때의 일입니다. 그날 생각지도 못했던 비보가 날아들었지요. 수많은 이들이 보트를 타고 베트남에서 탈출을 감행했고, 그야말로 목숨을 건 아주 위험한 여정에 나선 것입니다. 폭풍우에 휩쓸릴 위험뿐만 아니라 연료, 식량 혹은 식수가 현저히 부족했고, 자칫하면 태국 영해에서 활동 중인 해적들에게 공격을 받을 위험이 컸기 때문입니다. 우리가 접한 비보의 내용은 정말로 끔찍한 것이었습니다. 해적들이 보트에 올라 귀중품을 빼앗았고 그것도 모자라 열한 살의 소녀를 겁탈했다는 것이었지요. 소녀의 아버지가 어떻게든 막아보려고 했지만 오히려 해적들에 의해 바다에 수장되었다고 합니다. 해적의 공격을 받은 후에 소녀 역시 스스로 바다에 몸을 던졌다고 하더군요. 결국 부녀가 바다에서 비명횡사하게 된 것이지요.

그 소식을 접한 후로 도저히 잠을 이룰 수가 없었습니다. 주체할 수 없는 슬픔과 자비심, 그리고 연민 때문이었지요. 그렇지만 우리는 수행자로서 분노와 무력함에 사로잡히지 않도록 항시 경계를 해야 합니다. 그래서 걷기 명상과 앉기 명상, 그리고 마음 다함 호흡을 하면서 당시의 상황을 더욱 깊이 이해하고 살펴보기로 마음먹었습니다.

제가 가난에 찌든 집에서 태어난 소년이라면 어떨까 상상해 보았습니다. 아버지는 배움이 없는 어부이고, 집안 대대로 가난을 대물림하며 살아왔고 당연히 제대로 된 교육이나 도움의 손길도 닿지 못했습니다. 그러니 나 역시도 교육을 제대로 받지 못했고 어쩌면 부모로부터 폭력을 경험했을 수도 있을 겁니다. 그러던 어느 날, 누군가 내게 바다로 나가서 해적질을 하며 한몫 크게 잡아보자고 유혹의 손길을 건네는 겁니다. 어떻게든 가난의 사슬을 깨 보고 싶다는 간절함 때문에 바보처럼 그 제안을 받아들이겠지요. 그리고 해적 동료들의 압박에 못 이겨, 해안 경비대의 제지도 없는 상태에서 어쩔 수 없이 아름다운 소녀를 겁탈하게 되는 겁니다.

평생을 다른 사람을 사랑하는 법도, 이해하는 법도 배우지 못한 채로 성장했던 소년은 제대로 된 교육도 받지 못했을 것이고, 누구도 소년에게 밝은 미래가 있다는 사실을 알려주지 않았을 겁니다. 만약 여러분이 총을 가지고 그 보트에 타고 있었다면 나를 쏠 수도 있었겠지요. 그렇게 살생을 저지를 수도 있었을 겁니다. 하지만 소년에게 별 도움을 주지는 못했겠지요.

그날 밤 파리에서 명상을 하면서 그 해적 소년과 비슷한 환경 속에서 세상에 태어나는 수백 명의 아이들 모습을 떠올렸습니다. 앞으로 그 아이들은 자라서 해적이 되겠지요. 이제는 제가 그런 아이들을 도울 수 있을 겁니다. 소년의 입장이 되어 생각해 보고 나니, 어느 새 분노가 잦아들었습니다. 그리고 마음속으로 자비심과 용서의 에너지가 가득 차올랐습니다. 열한 살의 가련한 소녀뿐만 아니라 그 해적들까지 비로소 품에 안을 수 있게 된 것입니다. 저는 그들 속에서 제 자신의 모습을 볼 수 있었습니다. 바로 이것이 공과 어울려 존재함을 명상하면서 얻은 값진 열매인 것입니다. 그런 고난은 개개인의 것이 아닌 공통적인 것이라고 생각합니다. 고난은 선조로부터 물려받은 것일 수도 있고 우리 주위를 둘러싼 사회에도 존재할 수 있습니다. 내 마음속의 원망과 분노를 소멸시키기 위해서, 피해를 입은 소녀뿐만 아니라 가해자에게도 도움의 손길을 뻗을 수 있는 삶을 살기로 결심하게 되었습니다.

그러니 여러분이 저를 '틱낫한'이라고 부른다면 저는 "네, 제가 틱낫한이 맞습니다"라고 대답을 할 것입니다. 그리고 '소녀'로 부른다면 저는 "네, 제가 그 소녀입니다"라고 대답할 것입니다. 만약 '해적'이라고 부른다면 "네, 맞습니다"라고 대답할 준비가 되어 있습니다. 그 이름들이 모두 제 진짜 이름이니까요. 교전 지역에서 미래도 없이 살아가는 가난한 아이라고 부른다고 해도 "네, 그것도 제 이름입니다"라고 대답할 겁니다. 반대로 살생을 부르는 무기를 팔아 전쟁을 부추기는 무기상으로 부른다고 해도 "네, 그것도 제 이름입니다"라고 대답하겠습니다. 그 모든 이들이 바로 우리 자신이니까요. 그렇게 우리는 모든 사람들과 '어울려 존재'하고 있습니다.

> 우리가 서로 동떨어진 존재라는 생각으로부터 자유로워질 때
> 자비심과 이해심을 갖게 되고
> 타인을 돕기 위해 필요한 에너지를 얻게 됩니다.

• • •

진리의 두 단계

우리가 주로 사용하는 일상적인 언어 중에서 가장 유용하게 사용하는 단어가 바로 '당신'과 '나' 그리고 '우리'와 '그들'입니다. 이는 대화의 대상이 무엇이고 누구인지를 파악하기 위한 것입니다. 하지만 그 단어들은 그저 관습적인 명칭에 불과하다는 것을 깨닫는 것이 무엇보다 중요합니다. 이런 관념은 그저 상대적 진리일 뿐 절대적인 진리가 아니니까요. 우리는 그런 명칭이나 범주로 규정되지 않는 훨씬 더 소중한 존재들입니다. 당신과 나, 그리고 이 광활한 우

주 사이에 명확한 선을 긋는다는 것은 불가능한 일입니다. '어울려 존재함'의 통찰은 우리가 '공'의 절대적 진리에 닿을 수 있도록 도와줍니다. '공'이라는 가르침은 자아의 '죽음'을 의미하는 것이 아닙니다. 자아는 죽음과 연관이 없기 때문이지요. 자아란 그저 하나의 개념, 허상, 잘못된 관점에 불과합니다. 그러니까 실제로 존재하는 것이 아니지요. 실제 존재하지 않는데 어떻게 죽음을 맞을 수 있겠습니까? 그렇다고 자아를 죽일 필요는 없습니다. 그저 현실에 대한 깊은 이해심을 통해서 서로 동떨어진 자아라는 잘못된 생각만 지워내면 되는 것입니다.

• • •

주인도 없고 윗사람도 없다

우리 스스로를 동떨어진 자아나 개별의 존재로 인식할 때, 자신의 생각이나 신체를 나 자신과 동일시하게 됩니다. 내 몸의 주인이자 윗사람이 된 것 같은 인상을 갖게 되는 것이지요. '이건 내 몸이야', '이게 내 생각이야'라는 것을 '이 집은 내 거야', 혹은 '이 차는 내 거야', '이건 내가 쌓은 스펙이야', '이건 내 감정이야', '이건 내 느낌이야', '이건 내 고통이야'라는 생각과 비슷하다고 받아들일 수도 있습니다. 사실은 그리 장담할 일이 아닌데도 말입니다.

뭔가를 생각하거나 일을 하거나 숨을 쉴 때마다, 우리는 누군가,

혹은 그 행위를 하는 사람이 존재하고 있다고 굳게 믿습니다. '누군가' 그 행위를 이끄는 존재가 있다는 것이지요. 하지만 바람이 분다고 해서 일부러 바람을 만드는 누군가 존재하지는 않습니다. 그저 바람만이 존재할 따름이고 바람이 불지 않을 때에는 그저 바람이 불지 않는 것뿐입니다. '비가 온다'라고 말할 때에도 마찬가지로 그 비를 내리기 위해서 누군가 필요한 것은 아닙니다. 그렇다면 비를 내리게 만드는 이는 누구일까요? 비는 그저 비일 뿐입니다. 그냥 비가 오는 것뿐이지요.

우리가 하는 행동도 마찬가지입니다. 우리 행동을 만드는 사람도 없을뿐더러 흔히 '자아'라고 부르는 것도 존재하지 않습니다. 우리가 생각할 때는 그저 생각을 하는 것입니다. 일을 할 때는 그저 일을 하는 것이지요. 숨을 내쉴 때에도 그저 숨을 쉬는 것뿐입니다. 어떤 행동을 할 때에도 그저 행동을 하는 것입니다.

언젠가 프랑스 철학자 르네 데카르트(René Descartes)가 말 앞에 서 있는 모습을 그려 놓은 만화를 보았던 기억이 나는군요. 데카르트는 하늘 위로 손가락을 뻗으며 이렇게 말하고 있었습니다.

"나는 생각한다. 고로 존재한다."

그의 뒤에서 말이 어리둥절한 표정으로 서 있었습니다. 그리고 말풍선 속에는 이렇게 적혀 있었지요.

"그래서 당신이 뭔데?"

데카르트는 '자아'가 존재한다는 것을 입증하고 싶었던 것입니다.

왜냐하면 데카르트가 주장하는 논리에 따르면 '생각하는 자아', 즉 생각을 하기 위해서는 '나'라는 주체가 분명히 존재해야 한다고 보았기 때문입니다. 나라는 존재가 없다면 어떻게 생각을 할 수 있겠습니까?

물론 '생각'이 존재한다는 것을 부정할 수는 없습니다. 인간이 사유를 하는 행위는 분명히 벌어지고 있는 것이니까요. 대부분의 문제들은 이러한 생각이 지나치게 많을 때 벌어집니다. 어제를 곱씹고 내일을 걱정하고 이런 모든 생각들이 우리를 자신으로부터 또 지금 이 순간에서 멀어지게 만드는 것이지요. 과거와 미래에 대한 생각에 사로잡혀 있을 때, 우리의 마음은 몸에서 멀어져 있기 마련입니다. 따라서 우리의 삶과 우리 안에 그리고 지금 이 순간에 머물러 있지 않게 되는 것이지요. 이런 상태는 다음과 같이 정확히 정리해 볼 수 있습니다.

나는 생각한다(너무 많이).
고로 나는 존재한다(나의 삶과 멀리 떨어진 곳에서).

그러므로 생각이 진행되는 과정을 가장 정확히 묘사하는 방법은 '누군가'가 생각을 하는 것이 아니라 그저 '생각'이라는 현상이 나타나고 있다는 것입니다. 그저 모든 상황들이 하나로 맞아떨어져 경이롭고 놀라운 결과로써 생각을 하게 되는 것이지요. 생각을 하기 위해 '자아'가 반드시 필요한 것은 아닙니다. 그저 생각이라는 현상이 벌어져 생각을 하게 되는 것이지요. 그 생각을 하기 위해서 개별의 독립체가 더해지는 것이 아닙니다. 생각이라는 현상이 벌어짐과 동시에 생각하는 존재가 현실 속에 나타나게 되는 것이지요. 이는 왼쪽과 오른쪽이 존재하는 것과 같습니다. 왼쪽이 없다면 오른쪽이 존재할 수 없겠지요. 오른쪽이 없다고 해도 마찬가지로 왼쪽이 존재할 수 없습니다. 왼쪽과 오른쪽은 동시에 나타나는 것이니까요. 왼쪽이 있으면 그와 동시에 오른쪽이 있습니다. 생각을 하게 되면 그 순간 생각하는 존재가 나타나는 것처럼 말입니다. 그것이 바로 사유가 진행되는 원리입니다.

이 같은 상황은 신체와 행동에서도 똑같이 나타납니다. 우리 뇌 속에는 수백만 개의 신경 세포들이 존재하고 끝없이 의사소통을 주고받습니다. 그 수백만 개의 신경 세포들이 하나로 힘을 합쳐서 신체를 움직이고 감정을 만들어내고 사유와 인식의 작용을 가능케 합니다. 하지만 이러한 신경 세포들의 오케스트라를 지휘하는 주체는 존재하지 않습니다. 모든 판단을 이끄는 윗사람이 없다는 뜻입니다. 우리 뇌와 신체의 정확히 어느 부분에서 세포와 행위를 주관하고 있는지는 알 수 없습니다. 생각과 감정 그리고 인식이라는 행위가 벌어지고 있지만 이러한 생각과 감정 그리고 인식을 이끄는 개별적인 자기 독립체나 주인은 없다는 것입니다.

1966년 런던 대영박물관에 보관된 미라를 보며 깊은 사색에 잠겼다가 굉장한 경험을 하게 되었습니다. 그 미라는 5천 년이 넘는 시간 동안 태아의 모습으로 모래 속에 누운 채로 보존되어 있었습니다. 저는 꽤 오랫동안 그 미라의 모습을 보면서 깊은 명상에 잠겨 있었습니다.

그리고 몇 주 뒤, 파리로 돌아온 후에 한밤중에 잠에서 깼는데 혹시 두 다리가 그 미라처럼 변해버린 것은 아닌지 더듬거리게 되더군요. 새벽 두 시, 자리에서 일어나 곧바로 가부좌를 틀고 앉았습니다. 그리고 대영박물관에서 보았던 미라와 나의 몸을 떠올리며 깊은 묵상에 잠겼습니다. 그렇게 한 시간쯤 지나자, 산에서 물줄기가 졸졸졸 흘러내리는 기분을 느꼈습니다. 마침내 자리에서 일어나 시를 썼습니다. 제목은 '위대한 사자의 포효'입니다. 당시의 강렬한 감정과 이미지를 자유롭게 시 속에 표출한 것입니다. 마치 커다란 물통이 뒤집어져서 물이 콸콸 흘러나오는 것 같은 기분을 표현한 시입니다. 그 시는 이렇게 시작됩니다.

> 하얀 구름이 하늘에 둥실둥실 떠 있고
> 아름다운 꽃들이 피어 있네.
> 하늘에 떠 있는 구름
> 피어 있는 꽃들
> 구름은 떠 있고
> 꽃들은 피어 있네.

만약 구름이 하늘에 떠 있지 않다면 그것은 구름이 아니라는 사실을 비로소 깨닫게 된 것입니다. 꽃이 피지 않는다면 그것은 꽃이 아니겠지요. 하늘에 떠 있지 않다면 구름이 존재하지 않을 겁니다. 피지 않는다면 꽃도 없겠지요. 우리는 그 둘을 떼어 놓고 생각할 수 없습니다. 우리의 몸과 마음을 서로 떼어 놓고 생각할 수 없는 것처럼 말입니다. 이처럼 모든 것들은 '어울려 존재'하고 있습니다. 마치 활짝 핀 속에서 꽃을 발견하고 행동의 에너지 속에서 인간의 존재를 찾아볼 수 있는 것처럼 말입니다. 행동의 에너지가 없다면 인간이라는 존재도 없을 겁니다. 실존주의 철학자로 알려진 프랑스의 장 폴 사르트르(Jean Paul Sartre)가 한 유명한 말처럼 말입니다.

'인간은 자신의 행위의 결과물이다.'

우리 모두는 우리의 생각과 말, 그리고 행동의 결과와 같습니다. 오렌지 나무가 아름다운 꽃과 나뭇잎 그리고 열매를 맺는 것처럼 우리는 생각과 말 그리고 행동을 만들어냅니다. 또한 오렌지 나무처럼 우리의 행동들도 시간이 흐른 후에야 그 열매를 맺기 마련입니다. 시공을 초월하는 에너지가 계속되는 것처럼 우리는 우리 스스로를 신체의 움직임과 말, 그리고 마음속에서 찾아볼 수 있습니다.

● ● ●

사리탑(stupa) 속이 아닌

십여 년도 전의 일입니다. 당시 베트남에서 저에게 가르침을 받던 제자 중 하나가 제가 죽고 나면 화장을 해서 사리를 모시고 싶다면서 사리탑을 지었습니다. 저는 육신을 태운 잿더미를 보관할 사리탑은 필요하지 않다고 말했습니다. 사리탑에 갇히고 싶지 않았기 때문입니다. 자유롭게 온 세상을 떠돌고 싶었습니다.

"그렇지만 벌써 사리탑을 만들었는걸요!" 제자가 말하더군요.

"그럼 사리탑 앞에 '나는 사리탑 속에 없다'고 새겨 넣으면 되겠구나"라고 말했습니다. 그게 사실이니까요. 저는 그 사리탑 속에 없을 것이기 때문입니다. 만약 내 육신을 불태워 그 재를 모아 사리탑 속에 넣는다고 해도 그 잿더미가 나 자신이 아니기 때문입니다. 저는 사리탑 속에 있지 않을 것입니다. 사리탑 바깥의 세상이 이리도 아름다운데 왜 제가 그 속에 갇혀 지내고 싶겠습니까?

하지만 '나는 사리탑 속에 없다'고만 적으면 자칫 사람들이 오해할 수도 있겠다 싶어, 이렇게 덧붙여 적어야겠다고 말했습니다.

'나는 사리탑 밖에도 없다.'

그 사리탑 속에서도 밖에서도 저를 찾을 수 없을 것이기 때문입니다. 그래도 마음이 놓이지 않아서, 다음과 같이 세 번째 문장을 적어야겠다고 생각했습니다.

"마음 다함 호흡과 걷기 명상의 평온 속에서만 나를 만날 수 있을 것이다."

그로써 저의 연속성이 존재하게 되는 것이지요. 비록 얼굴을 맞대고 만날 수 없을 지라도 여러분이 들이쉬는 숨과 호흡 속에서 평온을 찾을 때 우리는 함께 존재할 수 있을 것입니다.

저는 누가복음 속에 등장하는 이야기를 가끔씩 예로 들어 설명하곤 합니다. 바로 예수 그리스도가 죽고 엠마우스로 떠난 두 제자의 이야기인데요. 그들은 엠마우스로 가는 길에 한 남자를 만나 함께 이야기를 나누며 여정을 계속합니다. 그러다가 밤이 되어 끼니를 때우기 위해 숙소로 들어가지요. 함께 저녁 식사를 하면서 길에서 만난 이가 빵을 자르고 포도주를 따르는 모습을 살펴보니, 그제야 그 남자가 스승인 예수 그리스도라는 사실을 깨닫게 된다는 이야기입니다.

위의 이야기를 통해서 우리는 예수님조차도 그의 육신이 아닌 곳에서 만날 수 있다는 것을 알 수 있습니다. 그의 존재는 육신을 훨씬 넘어서 존재하고 있습니다. 빵을 자르고 포도주를 따르는 모습 속에서도 그는 존재하고 있는 것입니다. 바로 그것이 살아 있는 그리스도이겠지요. 그래서 다음과 같은 말을 남긴 것입니다. "내 이름으로 모인 곳에 내가 있다"고 말입니다. 이는 세상을 떠난 후에도 우리와 함께 존재하는 예수 그리스도나 부처님, 혹은 다른 위대한 정신적 지도자들에게만 국한된 이야기가 아닙니다.

우리 모두는 육신의 형체가 변해 버린 후에도 아주 오랫동안 하나의 에너지로 이 세상에 존재하게 됩니다.

・・・
그대가 사랑하는 이는 자아가 아니다

부처님이나 예수 그리스도 앞에 고개를 숙일 때, 우리는 2천 5백 년 전에 이 세상을 살았던 부처님에게 혹은 2천 년 전에 이 세상을 살았던 예수님에게 절을 하는 것일까요? 우리는 누구를 향해서 고개를 숙이는 것입니까? 하나의 자아입니까? 우리는 부처님이나 예수 님이 우리와 같은 인간이었다는 사실을 익히 알고 있습니다. 모든 인 간은 신체와 감정, 인식과 정신 형성 그리고 의식이라는 다섯 개의 영원히 변화하고 흐르는 요소들로 이루어져 있지요. 여러분과 나 자 신 그리고 예수 그리스도와 부처는 모두 시시각각 변하고 있습니다.

그렇다면 2천여 년 전의 예수 그리스도의 모습이 지금도 똑같을 거라고 생각한다는 건 매우 잘못된 일이 아닐까요? 삼십 년 남짓 의 인생을 살면서도 예수 그리스도는 한 번도 똑같은 모습인 적이 없었으니 말입니다. 매달 그리고 매년 다른 모습이었지요. 이는 부 처님의 경우에도 마찬가지입니다. 부처님이 삼십에 접어들었을 때 의 모습은 분명히 사십 대와 달랐을 겁니다. 팔십 대가 되면 또 다 른 모습이 되겠지요. 이처럼 부처님 역시도 우리처럼 계속 진화하 고 변화합니다. 그러면 우리가 바라는 부처님의 모습은 어떤 것일 까요? 팔십 대의 부처님입니까, 아니면 사십 대의 부처님입니까?

누구나 부처님 하면 떠오르는 익숙한 얼굴과 익숙한 형체가 있을 겁니다. 하지만 부처님의 육신이 비영속적이고 변화한다는 것도 잘 알고 있습니다. 어쩌면 부처님은 더 이상 존재하지 않는다고 생각할 수도 있겠지요. 과거의 예수 그리스도가 더 이상 현실에 존재하지 않는 것처럼 말입니다. 하지만 그 생각들은 모두 잘못된 것입니다. 영원히 사라지는 것은 없기 때문입니다.

부처님도 개별적 자아가 아니라 그의 행동 안에 존재하고 있습니다. 그것은 무엇일까요? 바로 평화의 수행과 모든 존재의 깨달음을 전하는 것을 말합니다. 그 행동은 지금까지도 계속되고 있으니까요. 우리가 상상하는 모습은 아니지만 부처님은 여전히 우리가 있는 곳에 존재하고 있습니다.

우리 개개인도 일정한 행위를 통해 부처님과 직접 교감할 수 있습니다. 벅찬 마음으로 지구를 걷고 아름다운 새와 나무 그리고 푸른 하늘과 같은 삶의 경이로움과 교감하고 행복을 느끼고 평온을 느끼고 마음의 평화를 찾는 순간 우리 역시 부처님의 연속적인 존재가 되는 것입니다. 부처님은 우리 밖에 존재하지 않습니다. 우리 안에 에너지처럼 존재하고 있지요. 이처럼 살아 있는 부처님은 하루하루 진화하고 성장하고 새로운 모습으로 나타나고 있습니다.

· · ·

천국에 갔을 때 여러분은 몇 살일까요?

1970년대, 베트남 불교 평화 대표단으로 파리에서 활동하고 있을 무렵의 일입니다. 당시 자원해서 우리의 일을 도와주던 나이 지 긋한 영국인 부인이 있었습니다. 그분은 일흔 살이 넘은 나이에도 남부럽지 않은 체력을 유지하고 있었습니다. 매일 아침 사무실이 있는 5층까지 계단으로 씩씩하게 걸어서 올라올 정도였지요. 성공회 교도로 믿음이 깊은 분이었습니다. 나이가 들어서 죽고 나면 천국에 가서 서른다섯의 이른 나이에 먼저 저세상으로 떠난 다정하고 잘생긴 남편을 다시 만날 수 있을 거라고 굳게 믿고 있었습니다.

어느 날 제가 그분에게 물었습니다.

"만약 나중에 죽어서 천국에서 남편 분을 다시 만나면, 그분은 서른다섯일까요 아니면 여든에 접어든 노인이 되었을까요? 부인은 몇 살일까요? 아무래도 일흔이 넘은 연세에 서른다섯 남편을 만난다면 조금 이상할 것 같습니다."

부인은 질문을 듣고 당황하더군요. 아직 한 번도 고민해 보지 않았던 문제일 테니까요. 그저 하늘에서 다시 만날 수 있겠거니 생각만 하고 있었겠지요. 다른 이들과 또 삶 속에서 함께 존재하고 있다는, 다시 말해 '어울려 존재함'의 통찰을 가지면 우리는 사랑하는 사람을 천국에서 다시 만날 때까지 기다릴 필요가 없습니다. 그들은 이미 우리와 함께 이곳에 존재하고 있는 것이니까요.

◆ 소방 분야

강좌명	수강료	학습일	강사
소방기술사 전과목 마스터반	620,000원	365일	유창범
[쌍기사 평생연장반] 소방설비기사 전기 x 기계 동시 대비	549,000원	합격할 때까지	공하성
소방설비기사 필기+실기+기출문제풀이	370,000원	170일	공하성
소방설비기사 필기	180,000원	100일	공하성
소방설비기사 실기 이론+기출문제풀이	280,000원	180일	공하성
소방설비산업기사 필기+실기	280,000원	130일	공하성
소방설비산업기사 필기	130,000원	100일	공하성
소방설비산업기사 실기+기출문제풀이	200,000원	100일	공하성
소방시설관리사 1차+2차 대비 평생연장반	850,000원	합격할 때까지	공하성
소방공무원 소방관계법규 문제풀이	89,000원	60일	공하성
화재감식평가기사·산업기사	240,000원	120일	김인범

◆ 위험물 · 화학 분야

강좌명	수강료	학습일	강사
위험물기능장 필기+실기	280,000원	180일	현성호,박병호
위험물산업기사 필기+실기	245,000원	150일	박수경
위험물산업기사 필기+실기[대학생 패스]	270,000원	최대4년	현성호
위험물산업기사 필기+실기+과년도	344,000원	150일	현성호
위험물기능사 필기+실기	240,000원	240일	현성호
화학분석기사 필기+실기 1트 완성반	310,000원	240일	박수경
화학분석기사 실기(필답형+작업형)	200,000원	60일	박수경
화학분석기능사 실기(필답형+작업형)	80,000원	60일	박수경

• • •
그 어떤 것도 사라지지 않는다

육신이 한낱 가루가 된 후에도 영원한 자아가 계속해서 존재한다고 믿는 사람들도 있습니다. 이러한 믿음을 일종의 '영원주의'라고 부를 수 있겠지요. 반대로 죽음 이후에는 아무것도 남지 않는다고 믿는 사람들도 있습니다. 이는 일종의 '허무주의'라고 할 수 있습니다. 어느 쪽이든 우리는 극단적인 생각에 치우치지 않도록 조심해야 합니다. 무상과 '어울려 존재함'의 통찰을 통해서 우리는 영원함, 개별적 자아가 존재하지 않음을 깨달았습니다. 모든 것이 에너지의 전환 과정이라는 열역학 제1법칙에 따라 그 어떤 것도 창조되거나 소멸하지 않는다는 것도 깨달을 수 있습니다. 그저 형태가 변하는 것뿐이지요. 그래서 우리의 육신이 분해되고 난 후에 무(無)로 돌아간다는 믿음은 과학적으로 근거가 없는 것입니다.

우리가 살아 있는 동안, 우리의 삶은 하나의 에너지로 표출되며 죽음 이후에도 에너지가 계속 이어집니다. 그 에너지는 계속해서 변화를 거듭하고 다른 형태로 변화하는 것이지요. 그 어떤 것도 사라지지 않습니다.

> 죽음 이후에는 아무것도 존재하지 않는다고 단언할 수 없습니다.
> 절대로 사라지지 않는 것도 있기 때문입니다.

평소 가까이 지내던 사람을 잃으면 우리는 실의에 빠지게 됩니다. 그럴 때는 공과 무상에 대한 명상을 통해서 그들이 여전히 존재하고 있다는 사실을 깊이 살피고 이해하는 것이 도움이 됩니다. 우리 곁을 떠난 사랑하는 이들은 우리의 안에 그리고 주변에 여전히 살아 숨 쉬고 있습니다. 말 그대로 실재(實在)하고 있는 것이지요. 따라서 그들을 영원히 잃은 것이 아닙니다. 그러므로 이들의 존재를 다른 형태 혹은 과거보다 더욱 아름다운 모습으로 인식하는 것도 충분히 가능한 일입니다.

'공'과 '어울려 존재함'의 빛 속에서 우리는 그들이 죽거나 사라지지 않았음을 인지할 수 있습니다. 그들은 자신만의 행위 속에서 우리 안에 영원히 함께 존재하고 있습니다. 우리와 이야기를 나눌 수도 있지요. 그래서 이런 말을 할 수 있는 것입니다.

"당신이 여기 있다는 거 알아요. 나는 당신을 위해 숨 쉬고, 미소 짓습니다. 당신의 눈으로 세상을 바라보며 즐거움을 느낍니다. 당신과 함께 삶을 살아가고 있습니다. 당신이 지금도 가까이에 있다는 것을 알고 있습니다. 그러니 당신은 여전히 내 안에 살아 있습니다."

• • •

생명력

우리 행동의 이면에 주인도 윗사람도 그 행동을 조종하는 이도 없다면, 또 생각을 이끄는 존재도 없다면 왜 우리는 '자아'라는 감각을 느끼게 되는 것일까요? 불교 심리학에서는 다음과 같이 설명합니다. 우리 의식의 일부에는 산스크리트어로 '마나스(manas)'라고 하는 '자아'에 대한 감각을 창조해 내려는 경향이 존재한다고 봅니다. 이러한 마나스를 지그문트 프로이트(Sigmund Freud)의 심리 분석에서는 '이드(id)'라고 부릅니다. 마나스는 우리 의식 저 깊숙한 곳에서 나타납니다. 이는 일종의 생존 본능과도 같은 것으로 고통을 피하고 즐거움을 추구하도록 우리를 자극합니다. 마나스는 현실을 명확히 인식할 수 없기 때문에 계속해서 이렇게 말합니다.

"이게 나야. 이건 내 몸이야. 이건 나의 것이야."

이러한 '마나스'는 자아라는 잘못된 생각을 옹호하고 사수하기 위해 노력합니다. 하지만 이러한 태도가 우리의 생존을 위해 항상 좋기만 한 것은 아니지요. 마나스는 우리가 그저 '우리가 아닌' 요소들로 만들어져 있으며 우리가 '자아'라고 여기는 것이 개별적 독립체가 아니라는 사실을 제대로 보지 못하기 때문입니다. 이는 자아라는 것에 대한 잘못된 관점이 우리로 하여금 자유롭고 행복한 삶을 살지 못하도록 방해하고 엄청난 고통을 준다는 사실조차 제대로 보지 못합니다. 우리의 몸과 우리의 환경 사이에 상호 의존성을 깊이 생각해 보면 마나스가 망상에서 벗어나 진실을 바라볼 수 있도록 도움을 줄 수 있을 것입니다.

그렇다고 마나스를 완전히 없애버릴 필요는 없습니다. 이 또한 삶의 자연스러운 부분이니까요. 마나스가 우리 육신을 '나', 혹은

'나의 것'이라고 부르는 이유는 마나스의 역할 자체가 바로 우리의 생명력을 유지하는 것이기 때문입니다. 이러한 생명력을 20세기 프랑스 철학자 앙리 베르그송(Henri Bergson)은 엘랑 비탈(elan vital) 즉, 생명의 도약이라고 불렀습니다. 다른 모든 종(種)들처럼, 우리도 삶과 그 삶을 이어가려는 강한 욕망 그리고 우리의 삶을 지키고 위험에서 자신을 보호하려는 의지를 가지고 있습니다. 그럼에도 불구하고 자기 보호와 자기 방어의 본능이 우리를 개별적 존재하고 잘못 인식하지 못하도록 항상 주의를 기울여야 합니다. 어울려 존재함의 통찰과 무아는 이러한 우리의 생명력이 프로이트의 표현처럼 더욱 승화되어서, 삶에서의 행동력이 되고 타인을 돕고 보호하고 용서하고 화해할 수 있도록 만들며, 나아가 지구를 지키고 보호하는 쪽으로 발현하는 데 도움이 될 수 있도록 해줍니다.

언젠가 생강 하나를 거처 구석에 두고 까맣게 잊어버린 적이 있었습니다. 그러던 어느 날 그 조그만 생강에 싹이 나 있는 것을 발견하게 되었지요. 생강의 줄기가 홀로 싹을 피운 것입니다. 그 조그만 생강 속에도 생명이 살아 숨 쉬고 있었던 것입니다. 이 같은 현상은 감자에서도 쉽게 찾아볼 수 있습니다. 생명력을 가진 모든 것들은 싹을 틔우고 자라나기를 원하게 마련입니다. 자연스러운 섭리이지요. 모든 생명체는 살아 있기를 원합니다. 그래서 저는 싹이 난 생강을 화분에 옮겨 심고 흙으로 덮어 무럭무럭 자랄 수 있도록 해주었습니다.

여성이 아기를 잉태하면 이미 그 속에는 아기의 성장을 이끄는 생명력이 움트게 됩니다. 엄마와 태아의 생명력은 서로 똑같지도 다르지도 않습니다. 산모의 생명력이 태아에게 전달되고 또 태아의 생명력이 산모에게 전달되기 때문입니다. 그 둘은 하나인 것이죠. 그렇게 서서히 조금씩 서로에게서 분리되는 과정을 거칩니다. 그런데 우리는 가끔 아기가 태어나면 드디어 독립적 자아가 형성되는 것이 아닌가 생각하게 됩니다. 육신과 감정, 인식과 정신 형성 그리고 의식이 어머니로부터 완전히 떨어져 나온 것이라고 말입니다. 우리는 아이와 어머니를 따로 떼어 놓을 수 있다고 생각하지만, 사실은 아이와 어머니 사이에는 연속성의 관계가 그대로 남아 있습니다. 아이를 보면 그 어머니를 볼 수 있고 어머니를 보면 아이의 모습을 볼 수 있기 때문입니다.

• • •

수행법 : 어머니의 손길

여러분이 어린 소녀 혹은 소년일 때, 온몸에 열이 나고 아팠던 때가 있겠지요? 그때 얼마나 아프고 힘들었는지 기억나십니까? 그런데 신기하게도 어머니나 아버지, 혹은 할아버지나 할머니께서 뜨거운 이마에 손을 짚어 주기만 해도 열이 가라앉는 기분이 들었을 겁니다. 그분들의 손길 속에서 사랑의 음료를 느낄 수 있고 그것만으로도 안도감이 들고 불안함이 가라앉게 됩니다. 여러분 옆에 부모님이 계시다는 것만으로도 마음이 진정되는 것이지요. 이제 더 이상 어머니와 가까이 살지 않더라도 혹은 이제 어머니께서 예전의 모습으로 존재하지 않으시더라도 항상 어머니의 존재가 여러분 옆에 있다는 사실을 깊이 헤아려야 합니다. 어머니의 따뜻한 손길이 여러분의 손 안에 있습니다. 설령 부모님께서 일찍 세상을 떠나셨다고 해도, 수행을 통해 그분들의 존재를 느끼게 되면 부모님과 더욱 가까이 교감할 수 있을 것입니다. 그렇게 되면 부모님이 생존해 계시는데도 별다른 교류 없이 지내는 사람들보다 더욱 부모님과 가까이 지낼 수 있습니다.

바로 지금 여러분의 손을 자세히 들여다볼 수 있는 시간을 가져 보세요. 여러분의 손에서 어머니의 손이 보입니까? 아버지의 손을 볼 수 있나요? 더 자세히 손을 살펴보도록 하십시오.

이와 같은 통찰력과 애정 그리고 부모님의 사랑을 느끼면서 여러분의 손을 이마에 대면 어릴 때 여러분의 이마를 짚어 주시던 어머니와 아버지의 손길을 그대로 느낄 수 있을 것입니다. 여러분 안에 있는 부모님의 사랑을 온전히 느낄 수 있도록 노력해 보세요. 그분들은 지금도 여러분과 함께 계십니다.

···
살아 있는 존재

우리는 생물과 무생물이라는 형태를 엄격히 구분하려는 습관을 가지고 있습니다. 하지만 지금까지 살펴본 바에 따르면 무생물조차도 그들 나름의 생명력을 가지고 있습니다. 생명력과 의식은 생강의 줄기나 도토리 속에서도 찾아볼 수 있습니다. 생강은 어떻게 나무가 될 수 있는지 알고 있으며, 도토리도 어떻게 참나무가 될 수 있는지 알고 있습니다. 그러한 무생물조차 생명을 꽃피우는 법을 가지고 있는데 감히 무생물이라고 부를 수는 없는 노릇입니다. 원자보다 작은 입자에도 혹은 조그만 먼지 조각에서도 생명력을 찾아볼 수 있습니다. 그러므로 생물과 무생물 그리고 생체와 무정물을 구분할 수 있는 절대적인 기준은 존재하지 않습니다. 소위 무정물이라고 불리는 것에도 생명이 존재하고, 살아 있는 존재는 이러한 무정물에 의존합니다. 만약 무생물이라고 불리는 요소들을 우리 안에서 제거해 버린다면 우리는 더 이상 생명을 유지할 수 없게 될 것입니다. 우리 인간들은 '인간이 아닌' 요소들의 결합체이기 때문입니다. 이러한 진리는 고대 불교의 텍스트인 『금강반야바라밀경(金剛般若波羅蜜經)』에서 배울 수 있습니다. 『금강반야바라밀경』은 심층 생태론에 대한 세계 최초의 논문이라고 해도 과언이 아닙니다. 이처럼 인간이라는 존재와 여타의 살아 있는 존재들 그리고 살아 있는 존재들과 무정물들 사이를 명확히 구분한다는 것은 불가능한 일입니다.

만물에 생명력이 깃들어 있습니다.
온 우주는 생명력으로 인해 눈부시게 빛이 납니다.

지구를 바라볼 때도 마찬가지입니다. 지구의 문제를 그저 우리 밖에 있는 문제로 본다면 아직 지구를 제대로 보지 못하고 있는 것입니다. 우리가 지구의 일부라는 사실을 인지하고 지구 전체가 우리 안에 있다고 생각하는 태도가 필요합니다. 지구 역시 지능과 창의력을 지닌 살아 숨 쉬는 존재입니다. 만약 지구가 한낱 무정물이었다면 부처님과 예수 그리스도, 무함마드, 그리고 모세와 같이 셀 수 없이 많은 위대한 존재들을 이 세상에 태어나게 할 수 없었겠지요.

또한 지구는 우리 부모님과 우리의 어머니와 같은 존재입니다. 차별이 없는 시선으로 바라보면 지구와 매우 밀접한 관련을 맺을 수 있을 것입니다. 우리는 냉철한 이성의 눈이 아닌 마음의 눈으로 지구를 바라볼 수 있어야 합니다. 여러분이 바로 지구이고 지구가 바로 여러분이니까요. 지구가 건강하지 않고서는 여러분의 신체 역시 건강해질 수 없습니다. 그래서 우리 건강을 위해서 반드시 지구의 건강을 지켜야 하는 것이지요. 바로 이것이 '공'의 통찰입니다.

● ● ●

여러분은 부처님과 영혼이 통하는 사람입니까?

부처님이 생존해 계실 당시만 해도 셀 수 없이 많은 종교적이고 영적인 지도자들이 존재했고 각기 다른 영적인 길과 수행법을 전파했습니다. 너나 할 것 없이 자신의 가르침이 최고라고 주장했고 대부분 옳았습니다. 어느 날 젊은 수행자가 부처님에게 이렇게 물었습니다.

"이렇게 많은 지도자들이 계신데 저는 어떤 분의 가르침을 따라야 할까요?"

"아무것도 믿지 마라, 내가 가르치는 것조차도 의심해야 한다!"

부처님은 이렇게 대답했습니다.

"제아무리 고대부터 이어져 내려온 가르침이라도, 굉장히 존경받는 스승의 이야기라 해도 마찬가지다. 누구의 가르침이든 이를 보고 들음에 있어 본인의 지식과 비판적인 마음으로 항시 자세히 살피려고 노력해야 할 것이다. 그러고 나서 그 가르침을 실행에 옮겨 너 자신이 고뇌와 번뇌로부터 자유로워질 수 있는지 시험해 봐야 한다. 만약 그 가르침이 통하거든 그때 믿음을 주어도 늦지 않다."

부처님의 말씀처럼 그분과 영혼이 통하는 사람이 되기 위해서는 뛰어난 안목과 비판적인 마음을 가지는 것이 중요할 것입니다.

만약 우리가 가진 믿음을 발전시키지 못하고 언제나 열린 마음을 가지지 못한다면 어느 날 아침에 잠에서 깨어 한때 우리가 믿고 있었던 신념이 연기처럼 사라져버린 것을 발견하게 될 수도 있을 겁니다. 그런 날이 온다면 큰 절망감이 느껴지겠지요. 명상을 수행하는 사람들은 맹목적 믿음을 경계하고 무엇이든 절대적이고 변하지 않는 진실은 없다는 사실을 인지하려고 노력합니다. 이처럼 마음 다함과 명상을 통해서 진실을 탐구하고 깊이 연구하려는 자세를 가지려 애써야 합니다. 그래야 우리의 믿음과 이해심이 하루하루 더 깊어지게 될 테니까요. 또한 이러한 믿음은 단순한 생각이나 신념에 의존한 것이 아니라 실제로 경험한 현실에 바탕을 두고 있어 쉽사리 사라지지 않습니다.

· · ·

정말로 환생이 가능할까?

우리 중 대부분은 언젠가 세상을 떠나야 한다는 사실을 믿지 않으려고 합니다. 그와 동시에 세상을 떠난 후에 어떤 일이 벌어지게 될까 궁금해하지요. 어떤 사람들은 이승에서 죽고 나면 천국으로 가서 행복하게 지낼 수 있다고 믿습니다. 인생이란 워낙 짧은 것이라 새롭게 살 수 있는 또 다른 기회가 필요하다고도 말하는 이들도 있습니다. 이런 이유로 환생이라는 말이 강한 설득력을 가지게 되는 것 같습니다. 폭력과 같은 무참한 행동을 저지른 자들은 다음 생에서라도 정의의 심판을 받고 자신이 저지른 악행에 대한 대가를 치르도록 해야 한다고 바라는 이들도 있을 겁니다. 아니면 죽어서 이생의 기억들을 망각하고 아무것도 아닌 '무'의 존재로 돌아가는 것이 두려운 걸 수도 있겠지요. 그래서 나이가 들어 몸이 노쇠하고 병들게 되면, 해진 옷을 벗어던지듯 젊고 건강한 신체를 다시 얻을 기회가 생기지 않을까 싶은 마음에 자연스럽게 이끌리게 되는 것입니다.

환생이라는 개념에는 개별적인 영혼, 자아 혹은 영(靈)이라는 전제가 깔려 있습니다. 그래서 죽음과 동시에 그러한 것들이 낡은 육신을 떠나 또 다른 몸속에서 환생할 수 있다고 믿게 되는 것이지요. 육신이 마음과 영혼 그리고 영이 잠시 머무는 집이라도 되는 것처럼 말입니다. 이런 생각은 몸과 마음이 서로 분리될 수 있으며 육신은 무상하지만 마음과 영은 영원하다고 믿는 것과 같습니다. 하지만 이러한 모든 개념들은 부처님의 깊은 가르침과 전혀 어울리지 않습니다.

우리는 불교를 두 개의 종류로 분류할 수 있습니다. 바로 대중(大衆) 불교와 상좌(上座) 불교입니다. 불법을 공부하는 수행자들이 달라지면 가르침도 달라져야 하기 때문입니다. 그래서 가르침은 이를 경청하는 이들이 누구냐에 따라서 다른 형태로 조정되어야 하지요. 이러한 이유로 수천 가지가 넘는 불교의 종파들이 존재하게 된 것입니다. 이 모두가 불교 교리를 통해 가르침을 얻고 변화를 겪고 고뇌로부터 벗어나게 만들기 위한 것이지요. 대중 불교문화에서는 죽음 이후 셀 수 없이 많은 지옥 구덩이 속에 빠질 수 있다고 말합니다. 그래서 지옥의 생생한 모습을 담은 탱화들이 수많은 사원들에 그려져 있는 것을 볼 수 있지요. 예를 들어 이승에서 거짓말을 일삼으면 저승에서 혀가 잘리는 형벌을 받게 된다는 식입니다. 이는 삶을 더욱 윤리적으로 살아가게 만들려는 일종의 '교묘한 방식'이라고 봐야 옳습니다. 이러한 방식은 어떤 이들에게는 도움이 되겠지만 그렇지 않은 경우도 있을 겁니다.

비록 이러한 가르침들이 절대적 진리에는 맞지 않을지 몰라도 다수의 사람들이 이를 통해 깨달음을 얻고 있는 것도 사실입니다. 그렇지만 자비심과 지혜, 그리고 이해심을 가진다면 눈앞에 보이는 관점에서 서서히 벗어나 더 깊은 가르침을 볼 수 있게 됩니다. 만약 삶과 죽음, 그리고 사후에 어떤 일이 벌어지게 될지를 보는 새로운 눈을 가지고 싶다면 현재의 관점에서 벗어나서 앞으로 더 깊은 깨달음을 얻기 위해 노력해야 합니다. 사다리를 오르려면 지금 디디고 있는 가로대를 딛고 다음으로 올라서야 하는 것처럼 말이지요. 지금 현재 눈앞에 보이는 것에만 매달리다 보면 더 이상의 발전은 불가능할 겁니다.

저 역시 마음 다함과 명상 그리고 불교에 대한 저만의 생각을 가지고 있었습니다. 그로부터 십 년이 흐른 뒤에는 더 깊은 깨달음을 얻었습니다. 그리고 또 다시 사오십 년이 흐르는 사이 통찰력과 깨달음은 더욱 깊어졌지요. 우리는 같은 길에 서 있고 다 함께 한 걸음씩 발전하고 있습니다. 이러한 깨달음의 길 위에서 우리는 현재의 관점을 내려두고 더 새롭고 발전되고 깊은 관점을 가지기 위해 열린 태도를 가져야 하겠습니다. 이러한 태도는 우리를 진리에 한 걸음 더 가까이 가도록 도와줄 테니까요. 이는 현재의 고뇌를 변화시키고 행복을 일구는 데 큰 도움이 될 겁니다. 어떤 관점을 가지든 그것이 '최고'라는 생각이나 내가 믿는 진리만이 유일한 것이라는 생각에 사로잡히지 않도록 노력하는 것이 중요합니다.

불교의 정신은 너그러움입니다. 우리는 나와 다른 믿음을 가진 사람들을 열린 마음으로 대하기 위해 항상 노력해야 합니다. 이러한 열린 마음과 특정한 관점에 얽매이지 않는 태도는 불교에 필수적인 요소입니다. 때문에 불교에 그렇게 수십 개가 넘는 종파들이 있는데도 서로의 믿음을 배척하는 다툼이 벌어지지 않는 것이지요.

• • •

부처님이 주신 가르침의 정수(精髓)

고대 인도의 경전은 부처님의 가르침에 커다란 영향을 주었습니다. 불교는 꽃이 '꽃이 아닌 요소'들로 만들어진 것처럼 '불교가 아닌 요소들'로 이루어진 것입니다. 서양에서 불교는 종종 환생과 업(業) 그리고 과보(果報)라는 개념들과 연관되곤 합니다. 하지만 이러한 개념들은 본래 불교의 개념이 아니었습니다. 부처님이 가르침을 전파할 때 이러한 개념들은 이미 존재하고 있었기 때문입니다. 사실 이러한 개념들이 부처님의 가르침의 정수를 완벽하게 담고 있다고 보기도 힘듭니다.

고대 인도의 환생과 업 그리고 과보라는 개념은 '자아'의 존재를 바탕에 두고 만들어진 것입니다. 당시에는 이생에서 행한 것에 따라서 환생과 업, 그리고 과보를 받게 되는 영원한 자아가 있다는 믿음이 팽배해 있었지요. 하지만 부처님께서는 무아와 무상 그리고 열반의 광명 안에서 환생과 업 그리고 과보에 대해 가르치셨습니다. 이는 생겨나지도 않고 없어지지도 않고 항상 변함이 없다는 불생불멸(不生不滅)의 진리인 것이지요. 부처님은 자신의 행동과 언행 그리고 마음 씀씀이로 인한 업을 받는 데 개별적이고 변하지 않는 자아가 반드시 필요하지는 않다고 하셨습니다.

부처님의 가르침의 정수인 무아, 무상 그리고 함께 존재함에 따르면 마음(心)은 개별적 독립체가 아닙니다. 마음은 육신과 떨어질 수 없고 다른 곳에서 환생할 수도 없습니다. 만약 마음이나 영이 육신을 떠나게 되면 그 영은 더 이상 존재하지 않습니다. 몸과 마음은 서로 함께 있을 때만 존재할 수 있는 것이니까요. 육신에 어떤 문제가 생기면 마음에 영향을 주고 반대로 마음에 어떤 문제가 생기면 육신에 영향을 주게 마련입니다. 우리의 의식조차 이를 표현하기 위해서는 신체에 의존해야 합니다. 어떠한 감정을 느끼기 위해서 몸이 필요한 것처럼 말입니다. 몸이 없는데 어떻게 감각을 느낄 수 있겠습니까? 그렇다고 해서 육신이 죽고 나면 우리가 연기처럼 사라져버린다는 것을 의미하는 것은 아닙니다. 우리 몸과 마음은 에너지원과 같으며 그 에너지가 몸과 마음의 형태로 발현되지 않는다면, 행동이나 언행 그리고 마음 같은 다른 형태로 나타나게 됩니다.

우리가 행한 것을 거두기 위해서 영원하고 개별적인 자아가 반드시 필요한 것은 아닙니다. 여러분은 작년과 똑같은 사람입니까? 아니면 달라졌나요? 이 짧은 인생 속에서조차 작년에 좋은 씨를 뿌린 사람이 올해 좋은 수확을 이루는 사람과 완전히 똑같은 사람이라고 말할 수 없습니다.

불행히도 많은 불자들이 기존의 '자아'라는 개념이 환생과 업, 그리고 과보라는 가르침을 이해하는 데 도움이 된다고 굳게 믿고 있습니다. 하지만 이러한 개념은 불교에서 오래전 퇴색한 개념들에 불과합니다. 왜냐하면 그 속에는 부처님의 가르침의 정수인 무아, 무상 그리고 불생불멸이라는 진리가 사라져버렸기 때문입니다. 무아, 무상 그리고 불생불멸의 통찰이 반영되지 않은 가르침은 그 종류를 불문하고 부처님의 깊은 가르침이라고 볼 수 없습니다. 삼해탈문, 즉 공, 무상(無相)과 무원(無願)이야말로 부처님의 가르침을 올바르게 담아낸 정수라고 할 수 있습니다.

불교에서 어울려 존재함과 무상(無常) 그리고 무아(無我)의 진리를 깨닫고 나면 환생을 전혀 다른 각도에서 이해할 수 있게 됩니다. 즉 자아가 없이도 다시 태어나는 것이 가능하다는 것을 깨닫게 되지요. 업보 역시 자아 없이 가능하고 과보 또한 마찬가지입니다.

우리는 매 순간 죽고 다시 태어납니다. 이러한 삶의 현현은 또 다른 삶의 발현 방식을 가능하게 만드는 것입니다.

우리는 아이들과 학생 그리고 우리가 만났던 모든 사람들을 통해서
영원히 계속됩니다.

'윤회'는 '환생'보다 더 바람직한 표현이지요. 구름이 비로 바뀔 때, 우리는 구름이 비로 '환생'했노라고 말할 수 없습니다. '영속성', '변형', 그리고 '발현' 모두 좋은 단어들이지만 그중에서 가장 좋은 단어는 '재(再)발현'일 것입니다. 비는 구름의 재발현인 것이지요. 우리가 하는 행동과 언행 그리고 마음은 우리가 뿜어내는 에너지와 같은 것입니다. 그 에너지는 다른 형태로 계속해서 세상으로 발현되고 있는 것이지요.

언젠가 한 어린아이가 물었습니다.

"죽는다는 것은 어떤 기분인가요?"

매우 심오한 질문이었지요. 저는 생과 사, 그리고 연속성에 대해 구름을 예를 들어 설명했습니다. 구름은 절대로 죽지 않는다고 예를 든 것이지요. 구름은 그저 비나 눈 그리고 우박처럼 다른 모습으로 변할 따름이니까요. 우리가 구름이 되면 구름이 된 기분이 들겠지요. 그리고 비가 되면 비가 된 기분이 들 겁니다. 눈이 되면 눈이 된 기분을 느낄 테고요. 재발현이란 이렇게 멋진 것입니다.

제 2 장

無相

무상

2장

무상(無相)
구름은 절대로 죽지 않는다

죽음이란 삶을 가능케 하기 위해 반드시 필요하다.
죽음은 변형이고 또한 연속이다.

　무심코 고개를 들어 하늘을 보았는데 아름다운 구름을 보게 되었
다고 상상해 보세요. '아, 정말 아름다운 구름이구나'라고 생각하겠
지요. 그리고 잠시 후에 다시 하늘을 보았더니 맑고 청량한 하늘만
보인다면, '아, 구름이 사라졌구나'라고 생각할 겁니다. 방금 전까지
분명히 존재하던 것이 한순간에 사라져버린 것입니다. 이러한 방식
으로 사물을 바라보는 이유는 우리가 형상과 겉모습 그리고 익숙한
형체에 지나치게 의존하는 경향이 있기 때문입니다. 이러한 경향 때
문에 우리는 현실의 진정한 본질을 제대로 볼 수가 없게 됩니다.
　우리는 사물을 현상계 속에서 인지합니다. 조금 전 상황처럼 그

곳에 구름이 보일 때 존재한다고 말합니다. 그리고 더 이상 그것을 볼 수 없게 되면 사라졌다고 말을 하지요. 하지만 그 속에 숨은 진실을 살펴보면, 비록 그 외향은 바뀌었지만 구름은 여전히 존재하고 있는 것을 알 수 있습니다. 구름이 새로운 형태로 변했다는 것을 깨닫는 것이 매우 어려운 일이지요. 바로 이러한 것을 무상(無相)의 명상이라고 합니다.

생과 사의 진정한 본질을 이해하고 두려움과 비통함, 분노와 슬픔을 이겨낼 수 있는지 여부는 모든 사물을 무상의 눈으로 바라볼 수 있느냐에 달려 있습니다. 만약 무상의 눈으로 사물을 바라보는 방법을 알게 되면 "우리가 죽으면 어떻게 됩니까?"라는 질문에 대해 대답하는 것은 전혀 어려운 일이 아니겠지요.

● ● ●

무상(無相) : 해탈의 두 번째 관문

상(相)이란 어떤 사물의 겉모습이나 형태를 특징 짓는 것을 의미합니다. 만약 사물을 이러한 상에 기초해 파악한다면 저기 보이는 구름이 다른 구름과 다르고, 참나무는 본디 도토리가 아니었다고 생각할 수 있겠지요. 상대적 진리의 수준에서 이러한 특징은 도움이 됩니다. 하지만 상들을 초월하는 삶의 진리를 바라보는 데 있어서는 오히려 방해가 될 것입니다. 부처님은 다음과 같이 말씀하셨습니다.

"무릇 모든 상이란 허무한 것이다(범소유상 개시허망 : 凡所有相 皆是虛妄)."

어울려 존재함의 통찰을 통해 우리는 이 구름과 저 구름, 그리고 참나무와 도토리, 나아가 부모와 자식 사이의 근본적 관계를 볼 수 있습니다.

방금 전까지 하늘에 떠 있던 구름이 어느새 사라지고 있는 것처럼 보이지만 자세히 살펴보면, 구름을 이루고 있던 요소들이 이제는 비와 안개, 그리고 눈까지 만들어내고 있음을 알 수 있습니다. 구름, 그러니까 H_2O라는 본질은 그 자리에 여전히 존재하지만 다만 새로운 형태로서 존재하게 된 것이지요. 이러한 H_2O가 '무엇'에서 '무'로 또 '존재'에서 '비존재'로 바뀐다는 것은 불가능한 일입니다. 비록 더 이상 눈으로 볼 수는 없지만 구름은 죽은 것이 아니기 때문입니다. 아마도 구름은 비로 바뀌었을 테고 수도꼭지에서 흘러나오는 물이 되어 주전자에서 뜨겁게 달궈져 이제는 내가 마시는 찻잔 속에 담겨 있을지도 모릅니다. 그러니까 어제 하늘에 떠 있던 구름은 사라져버린 것이 아니라 내가 마시는 찻잔 속에 담겨지게 된 것이지요. 죽은 것이 아니라 숨바꼭질을 하고 있는 것입니다!

여러분도 마찬가지로 시시각각 다른 모습으로 변하고 있습니다. 가족 앨범을 꺼내서 찬찬히 넘겨 보면 어릴 적에 찍은 사진을 찾을 수 있을 겁니다. 그 앳되고 어린 꼬마 아이는 어디로 갔을까요? 그 앳된 아이가 바로 당신입니다. 똑같은 이름을 가진 사람이지만 어릴 적 모습과 자금은 천지 차이겠지요. 예전의 앳된 모습을 그대로 간직하고 있습니까? 아니면 전혀 다른 사람이 되었나요? 바로 이것이 무상을 명상하는 연습입니다. 오늘날의 여러분은 어릴 때와는 다르게 보고 말하고 행동하고 생각합니다. 겉모습과 감정뿐만 아니라 인식과 의식 또한 매우 달라졌을 겁니다. 이는 우리 모두가 고정되고 영원한 존재가 아니기 때문입니다. 그래서 여러분은 예전과 같은 사람이 아니지만 그렇다고 해서 완전히 다른 사람도 아닙니다. 특정한 이미지나 외향에 지나치게 사로잡히지 않게 되면 사물을 더욱 명확히 바라볼 수 있게 됩니다. 그 앳된 아이가 여러분의 몸속에 있는 세포 하나하나에 여전히 살아 숨 쉬고 있으니까요. 그러면 언제든 그 앳된 소년 혹은 소녀의 말에 귀 기울이고 보살펴 주는 것도 가능하겠지요. 어린 시절의 나를 초대해서 함께 숨 쉬고 걷고 또한 자연을 즐기는 것도 충분히 가능합니다.

• • •

우리가 태어난 날

지금 이 순간에도 우리는 죽어가고 있습니다. 차이가 있다면 조금 더 천천히, 조금 더 빠르게라는 차이에 불과한 것이지요. 지금 우리가 살아 숨 쉴 수 있는 것은 매 순간 죽어가고 있기 때문입니다. 비록 다른 사람은 죽어가고 있지만 우리는 아니라고 생각할 수도 있습니다. 그런 겉모습에 속아 넘어가지 말아야 합니다.

생과 사에는 두 가지 진리가 존재합니다. 세속적 진리에 따르면 생과 사, 그리고 시작과 끝, 생성과 소멸이 존재한다고 말할 수 있겠지요. 따라서 달력을 꺼내 놓고 누군가 태어난 날짜와 죽은 날짜를 표시할 수 있을 것입니다. 대부분 사람들은 공식적으로 세상에 태어난 날이 기록된 출생증명서를 가지고 있습니다. 출생증명서가 없으면 여권을 만들거나 학교에 입학하는 것이 어려울 테지요. 그리고 우리가 죽으면 죽은 날짜와 시간이 기록되어 있는 사망증명서가 나옵니다. 그런 관점에서 보면 생과 사는 현실입니다. 매우 중요한 현실이지요. 또 아주 유용한 개념이기도 합니다. 하지만 그것이 진리의 전부는 아닙니다.

더 깊숙이 파헤쳐 볼까요? 여러분이 공식적으로 태어난 날은 여러분이 진짜 세상의 빛을 본 순간과 일치하지 않습니다. 출생일이란 그저 연속선상에 존재하는 것이니까요. 이전에도 여러분은 존재하고 있었습니다. 어머니의 자궁 속에 아홉 달 가까이를 꼬박 살아 있었으니 말입니다. 그렇다면 언제 정확히 태어났다고 말할 수 있을까요? 어떤 이는 세상을 인지한 순간이 바로 출생일이라고 주장할 수도 있을 겁니다. 하지만 그 역시도 100% 정확한 것은 아닙니다. 인식의 개념이 생기기 아주 오래전부터, 여러분을 이루고 있는 요소들은 아버지의 정액과 어머니의 난자 속에 있었고 그 두 가지가 합쳐지면서 세상에 태어나게 된 것이니까요. 또한 어머니가 임신을 하고 배가 불러오고 영양분을 섭취하는 그 모든 과정 속에서도 존재하고 있었습니다. 그보다 훨씬 이전에는 조부모님 속에 존재하고 있었겠지요. 이렇게 생각해 보면 여러분이 세상에 태어난 날은 무한대로 되짚어 볼 수 있을 것입니다. 따라서 여러분이 이 세상에 존재하고 있지 않았던 순간은 없는 것이지요. 이러한 이유에서 선불교에서 다음과 같은 질문을 던지는 것입니다.

"여러분의 조부가 태어나기 전에 여러분은 어떤 모습이었습니까?"

여러분이 생일이라고 부르는 날은 바로 여러분의 연속성을 기억하기 위한 날인 셈입니다. 여러분이 살아 있는 하루하루는 그저 연속된 날들입니다. 여러분의 육신 안에서 생과 사는 매 순간 진행되고 있습니다. 우리가 살아가는 일생 동안 우리는 존재 안으로 들어가고 또 나오기를 반복합니다. 몸을 긁거나 박박 밀면 하얀 각질이 밀려 나오고 그 자리에 새로운 세포가 태어납니다. 여러분이 이 책을 읽고 있는 순간에도 수천 개의 세포가 죽어가고 있습니다. 죽어가는 세포들이 워낙 많으니 일일이 장례를 치러 줄 수도 없는 노릇입니다. 그와 동시에 수천 개의 새로운 세포들이 태어나고 있으니 이를 일일이 기념하는 것도 불가능한 일이겠지요.

우리는 매 순간 변합니다.
우리 몸의 일부는 새로 태어나고
또 다른 일부는 죽어가고 있기 때문입니다.

이처럼 생과 사의 사이에는 밀접한 연관성이 있습니다. 그중 하나만 없어져도 둘 다 존재할 수 없는 것이지요. 그래서 복음서에도 이런 말이 있지 않습니까?

'씨앗이 죽지 못하면 열매를 맺지 못한다.'

우리는 죽음을 부정적이고 어둡고 고통스러운 것으로 치부하는 경향이 있습니다. 하지만 그렇지 않습니다. 죽음은 삶을 가능케 만드는 필수적인 요소입니다. 죽음은 변형입니다. 죽음은 연속적인 것이지요. 우리가 세상을 떠나면 또 다른 것이 세상에 태어납니다. 비록 그것을 감지하고 깨닫기까지 많은 시간이 걸릴지라도 말입니다. 봄이 되어 꽃봉오리가 나무껍질을 비집고 나올 때처럼 세상에 태어나는 순간에 고통이 있었듯이 세상을 떠나는 순간에도 어느 정도 고통이 따르겠지요. 하지만 무언가 세상에 태어나기 위해서 반드시 죽음이 필요하다는 것을 깨닫게 된다면 그 정도 고통은 이겨낼 수 있을 겁니다. 따라서 우리는 새로운 것이 세상에 발현되는 순간 또 다른 것이 죽고 있다는 심오한 진리를 눈여겨 볼 수 있어야 합니다.

숨바꼭질

프랑스의 명상 센터에 명자나무 한 그루가 있습니다. 봄이 되면 아름다운 꽃망울이 맺히지요. 어느 해인가 겨울 날씨가 내내 따뜻한 적이 있었는데 그때는 꽃망울이 너무 일찍 맺히더군요. 그런데 밤새 차가운 바람이 한바탕 불고 나니 꽃망울이 꽁꽁 얼어붙어 버렸습니다. 다음 날 걷기 명상을 하는데 나뭇가지에 매달려 있던 꽃망울들이 모두 얼어 죽어 버린 것을 발견했습니다. 왠지 슬프더군요. 미처 따뜻한 햇살을 보기도 전에 죽어 버리고 만 것이니까요.

그로부터 몇 주가 지난 후 날씨가 따뜻해져서 산책을 나갔는데 명자나무에 다시 꽃망울이 피었더군요. 파릇파릇하고 생기가 도는 것이 무척 아름다웠습니다. 정말로 기뻤지요. 그래서 이렇게 물었습니다.

"너희들은 서리가 내리던 날 얼어 죽은 꽃들이냐, 아니면 다른 꽃들이냐?"

그러자 꽃들이 대답했습니다.

"저희는 그 꽃들과 같지도 다르지도 않아요. 날씨가 따뜻해져서 꽃이 필 조건이 갖춰지면 모습을 드러내지만 날씨가 추워지면 나뭇가지 속으로 다시 숨어버리니까요."

어머니께서 저를 낳기 전에 다른 아이를 잉태하셨는데 안타깝게도 유산을 했다고 들었습니다. 그래서 어린 시절 내내 궁금했지요.

이 세상에 태어난 사람이 나일까? 아니면 유산을 한 그 아이일까? 만약 유산이 되었다면 아이가 태어날 모든 조건이 갖추어지지 않았다는 의미겠지요. 그렇다면 그 아이가 스스로 물러나 더 좋은 조건이 갖추어질 때까지 기다릴 수도 있는 노릇이 아닌가 싶은 생각이 들었습니다.

"지금은 잠시 물러나지만 나중에 꼭 다시 돌아올게요, 어머니."

우리는 이러한 자연의 섭리를 존중해야 합니다. 이렇게 세상만사를 바라보면 여러분의 고통이 조금은 줄어들 것입니다. 그렇다면 어머니가 잃은 것은 우리 형 혹은 누나였을까요? 혹은 그 아이는 바로 저였는지도 모릅니다. "아직 때가 아닌 것 같습니다"라고 잠시 물러났다가 나중에 태어난 것일지도 모르겠습니다.

공과 무상의 통찰은 우리가 번뇌에서 자유로워지는 데 도움이 됩니다. 손가락만 한 그 아이 역시 개별적 자아가 아니었습니다. 그 아이는 어머니와 아버지 그리고 여러 원인들과 조건들로 인해 만들어졌던 것이니까요. 이러한 모든 요소들이 다시 갖춰지면 새로운 아이가 태어날 테지만, 그 아이는 예전의 아이와 같은 아이도 다른 아이도 아닌 것입니다. 결국 아무것도 사라지지 않기 때문입니다.

• • •
여러분의 수명은 무한합니다

앞서 '출생일'과 '사망일'에 대한 이야기를 나누면서 그런 단어들은 그저 개념에 불과하다고 말씀드렸습니다. '수명' 역시 개념에 불과합니다. 이러한 꼬리표와 단어들은 세속적인 진리 수준에서 유용하게 사용되는 관습적 명칭인 것이지 절대적 진리는 아닙니다. 그렇다고 실제도 아니지요. 만약 죽음에 대한 분노와 슬픔 때문에 두려움을 느낀다면 아직도 생과 사에 대한 잘못된 개념에 사로잡혀 있기 때문일 겁니다. 흔히 죽음이란 '어떤 것'에서 '무(無)'의 상태가 되는 것이라고 생각하니까요. 하지만 우리 육신을 넘어서 꾸준히 형태를 바꾸어 변화하는 양상을 볼 수 있게 되면 아무것도 사라지지 않는다는 것을 깨닫게 됩니다. 그러면 더 이상 분노나 두려움을 느끼지 않게 되지요.

구름이 비로 변했을 때, 구름이 사라졌다고 말하고 싶은 충동이 생길지도 모르겠습니다. 하지만 구름은 진정한 자연이고 H_2O는 절대로 죽거나 사라지지 않습니다. 그저 비로 변한 것뿐이지요. 만약 구름의 진정한 자연을 보고 싶다면 먼저 '구름'이라는 상(相)으로부터 자유로워져야 합니다. 다시 말해 구름의 죽음은 비의 탄생과 같은 것입니다. 구름이 사라지지 않는다면 어떻게 비가 내릴 수 있겠습니까? 하지만 구름은 비가 태어나는 것을 보기 위해서 죽음의 순간을 기다릴 필요가 없습니다. 왜냐하면 우리처럼 구름도 매 순간 죽고 있으니까요.

주전자에 물을 넣고 끓인다고 생각해 봅시다. 물이 뜨겁게 달궈지면서 하얀 수증기가 만들어지기 시작합니다. 만약 섭씨 100도 가량의 높은 온도에서 물을 끓인다면 그 변형 과정이 더욱 빠르게 진행되면서 물이 수증기로 바뀌게 될 것입니다. 이러한 증발은 물의 죽음인 동시에 수증기의 탄생이며, 나중에는 하늘에 떠 있는 구름으로 바뀌는 과정인 것이지요. 우리 역시 마찬가지입니다. 때로는 서서히 변화가 생기기도 하지만 그보다 더 갑작스럽게 일어나기도 하니까 말입니다.

우리 삶의 물이 섭씨 100도로 끓어오를 때까지 기다릴 필요는 없습니다. 그때쯤이면 너무 늦어버린 것이지요. 아직 살아 있는 이 순간, 절망과 분노 그리고 슬픔으로부터 자유로워지기 위해서 최대한 시간을 가지고 삶과 죽음에 대해 이해하기 위해 노력해야 합니다.

조금 일찍 세상을 떠나든 조금 늦게 세상을 떠나든 달라질 것은 없습니다. 공과 무상의 통찰을 가진다면 우리 삶의 질은 더욱 풍요로워질 것이고 살아 있는 매 순간에 감사할 수 있을 테니까요. 이러한 통찰력을 가지고 하루를 사는 것이 그렇지 않은 수천 날보다 훨씬 더 값진 시간일 겁니다.

얼마나 오래 사느냐보다
얼마나 값진 삶을 사느냐가 중요합니다.

삶과 죽음

위풍당당하게 자란 참나무를 보면 조그만 도토리가 자라서 그런 모습이 되었다는 사실을 상상하기가 쉽지 않습니다. 그 도토리는 아직 살아 있는 것일까요? 만약 그렇다면 왜 우리는 그 도토리를 볼 수 없는 걸까요? 아니면 그 도토리가 더 이상 존재하지 않는 걸까요? 만약 그 도토리가 죽은 것이라면 저 참나무는 어떻게 생겨나게 된 걸까요?

무상에 대한 가르침은 이러한 섭리를 정해진 틀에 끼워 맞추려는 경향에서 벗어날 수 있도록 도와줍니다. 일반적으로 우리는 삶을 다음의 네 개의 틀 속에 끼워 맞추려고 노력합니다.

1. 살아 있는가?
2. 죽었는가?
3. 여전히 존재의 영역 안에 있는가? 혹은 여전히 존재하는가?
4. 비존재의 영역으로 넘어갔는가? 더 이상 존재하지 않는가?

사실상 우리는 실제를 '존재'와 '비존재'와 같은 틀 속에 끼워 맞출 수 없습니다. 일단 절대적 진리에 닿고 나면, '살아 있는 것'과 '죽은 것'이라는 틀이 아무 소용없다는 것을 깨닫게 됩니다. 그 대상이 구름이든 도토리이든, 전자이든 별이든 혹은 우리 자신이나 우리가 사랑하는 사람들이든 말입니다.

자아라는 개념 혹은 다른 생명체와 인간이라는 존재가 다르다는 관념에서 벗어났던 것처럼, '상'과 수명이라는 겉모습에서도 자유로워지기 위해서 노력해야 합니다. 여러분의 수명은 일흔, 여든, 혹은 백세까지 정해져 있지 않습니다. 듣기만 해도 즐거운 이야기지요. 여러분의 육신은 여러분 자신이 아니며, 그보다 훨씬 더 대단한 존재입니다. 여러분의 삶에는 한계가 존재하지 않습니다.

• • •

여러분은 육신을 넘어선 존재입니다

지금쯤 우리가 육신에 제한되지 않은 존재라는 사실을 조금씩 깨닫고 계실 테지요. 우리가 살아 있을 때조차 그 사실은 유효합니다. 우리는 선조들과 후손 그리로 온 우주와 함께 '어울려 존재'하고 있습니다. 동떨어진 자아란 존재하지 않으며, 우리는 실제로 태어난 적도 없고 또 죽지도 않습니다. 이처럼 우리는 모든 생명과 상호 연결되어 있으며 영원히 변화를 거듭합니다.

불교 전통에서는 우리 삶에 한계가 없다는 점을 시각화하기 위해 많은 방법을 발전시켰습니다. 그중에서 한 가지를 살펴보면, 인간의 몸은 하나이지만 여러 개의 '육신'을 가지고 있다고 설명합니다. 어떤 전통에 따르면 그 육신은 세 개, 혹은 다섯 개, 혹은 일곱 개라고 말합니다. 공과 무상 그리고 어울려 존재함, 즉 연기적 존재의 통찰이라는 섭리를 자세히 들여다보면, 우리에게 적어도 여덟 개의 몸이 존재한다는 것을 깨달을 수 있습니다. 이러한 여덟 개의 몸을 깨닫고 경험할 수 있게 되면, 우리는 삶을 더욱 충만하게 살아갈 수 있으며 육신이 분해되는 과정을 두려움 없이 직면할 수 있습니다.

몸, 그러니까 우리의 '육신'은 단순히 말하면 몸의 에너지를 집합적으로 의미하는 것입니다. 현대 과학에서는 우리가 인지하는 모든 것들은 에너지로 분류합니다. 어떤 에너지는 눈으로 보거나 감각을 통해 느낄 수 있지만 특별한 도구를 통해서만 인지할 수 있는 에너지도 있습니다. 아직까지 제대로 에너지를 측정하는 방법을 찾지 못한 특정한 종류의 에너지들도 존재합니다. 그런데도 우리는 이러한 에너지를 느끼고 인식할 수 있는지도 모릅니다.

우리는 여덟 개의 몸과 아주 밀접한 관계를 맺고 있습니다. 이들을 소중하게 아낄 수도 있고 그렇게 하면 여덟 개의 몸이 건강하고 씩씩한 상태로 보존되어 있다가 우리가 필요로 할 때에 사용할 수 있게 됩니다. 그러면 세상에서 죽고 난 후에도 고양된 상태로 영원히 유지해 나갈 수 있는 것이지요.

수행자 중 한 명이 제게 말하더군요.

"제게 여덟 개의 몸이 있다면 매일 샤워를 할 때마다 여덟 번씩 몸을 닦아야겠군요!"

일단 우리가 가진 여덟 개의 몸들이 상호 연결되어 있다는 것을 깨닫고 나면, 마음을 다해 한 번만 몸을 씻으면 그만입니다. 그럼 엄청난 양의 물을 절약할 수 있겠지요!

몸이 여러 개라니 정말 멋진 일이 아닐 수 없습니다. 하지만 제 말을 있는 그대로 받아들이면 곤란합니다. 여러분 스스로 제가 하는 말이 어떤 의미인지 탐구하려고 노력해야 합니다.

• • •

첫 번째 몸 : 인간의 몸

감각을 느끼고 치유를 받고 변화할 수 있으니 우리의 신체에 고마워해야 합니다. 인체의 신비 덕분에 우리는 다양한 삶의 경험을 할 수 있는 것이지요. 사랑하는 이를 정성껏 보살필 수 있고 가족과 화해할 수도 있습니다. 다른 이를 위해 목소리를 높일 수 있으며 아름다운 것들을 마음껏 감상할 수도 있습니다. 감미로운 새들의 노랫소리도, 굽이치는 바닷물의 소리도 들을 수 있지요. 우리가 사는 세상을 더 건강하고 더 평화롭고 더 정으로 가득한 곳으로 만들기 위해 직접 행동을 할 수도 있습니다. 이 모든 것들을 가능케 만드는 신체에 고마워해야겠습니다.

그런데 대부분의 사람들은 우리에게 몸이 있다는 사실을 까맣게 잊고 삽니다. 우리 몸은 여기 있는데 마음은 몸에서 멀리 떨어져 다른 어딘가에 가 있는 것이지요. 몸과 마음이 서로 분리되어 있는 것입니다. 마음이 온통 회사에서 하는 프로젝트, 갖가지 고민과 두려움에 사로잡혀 있으니까요. 그렇게 몇 시간씩 컴퓨터에 매달려 일하다가 몸에 이상이 생길 때까지 까맣게 잊고 지내기 일쑤입니다. 우리 몸조차 잊고 살면서 어떻게 우리의 삶을 진실하게 살아가고 있다고 말할 수 있을까요? 몸과 마음이 하나가 되지 못한다면 올바르게 존재한다고 말할 수 없습니다. 진정으로 살아 있다고 볼 수도 없겠지요.

> 마음을 다해 호흡합니다.
> 들이쉬는 숨과 내쉬는 숨을 그냥 즐기면 됩니다.
> 마음과 몸이 하나가 되게 하고
> 온전히 살아 있음을 그 놀라움을 느껴 보세요.
> 살아 있다는 것이 이 세상에서 가장 큰 기적입니다.

대부분의 사람들은 우리 몸을 어떻게 소중히 해야 하는지 제대로 알지 못합니다. 때문에 어떻게 쉬고 어떻게 수면을 취해야 하는지 배워야 합니다. 어떻게 먹고 어떻게 에너지를 소비해야 우리의 몸이 가벼워지고 건강해지고 편안해지는지 배워야 합니다. 가만히 귀를 기울여 보면 우리 몸이 무엇을 원하고 또 무엇을 싫어하는지 끊임없이 이야기하고 있다는 사실을 느낄 수 있습니다. 우리 몸은 명확한 목소리로 이야기하고 있는데 우리는 그 소리를 들을 능력을 잃어버린 모양입니다. 우리 모두 몸을 지나치게 혹사시키고 긴장하게 만들고 통증이 쌓일 때까지 밀어붙이면서 살고 있습니다. 너무 오랫동안 몸을 방치해 두어서 무척이나 외로울 것입니다. 우리 몸은 그 자체로 지혜로운 것이니 잠시라도 내 몸이 하는 소리에 귀를 기울일 필요가 있습니다.

지금 이 순간 여러분은 잠시 쉬면서 여러분의 몸과 다시 교감을 하고 싶을 수도 있습니다. 모든 신경을 호흡에 집중하고 여러분의 몸의 존재를 이해하고 느끼려고 노력하면 됩니다. "사랑하는 나의 몸아, 그곳에 있는 걸 알고 있단다"라고 말을 걸고 싶을 수도 있겠지요. 이렇게 여러분의 몸에 정신을 집중하다 보면 긴장되었던 마음이 풀리면서 편안해질 것입니다. 이것은 화해의 몸짓이고 사랑의 행위이기도 합니다.

우리 몸은 우주가 만들어낸 걸작입니다. 우리 몸 안에는 별과 달, 우주 그리고 우리 선조들의 존재가 녹아들어 있으니까요. 우리가 가진 경이로운 두 눈과 다리, 그리고 발과 손이 만들어지기까지 몇백만 년이나 되는 진화가 거듭되었을지 상상이 되나요? 지금 이 순간에도 수없이 많은 삶의 형태들이 우리 존재를 든든히 보조해 주고 있는 것입니다. 아주 잠시만 하던 일을 멈추고 깨달음 속에서 호흡을 하다 보면 신체와 다시 교감할 수 있습니다. 누구나 충분히 시간을 가지고 있으면서도 단지 실행에 옮기지 않는 것뿐이지요. 살아 있는 순간에도 우리 몸을 충분히 아껴주지 못하면서 죽고 나서 우리 몸에 어떤 변화가 생길지 두려워한다는 것은 정말 이상한 일이 아닐 수 없습니다.

우리는 인간으로서 삶을 더욱 진지하게 살아가는 방법을 배워야 합니다.
이렇게 숨을 내쉬는 순간순간에 집중하면서 살아가다 보면
평온과 기쁨 그리고 자유로움을 느낄 수 있습니다.

우리 신체가 삶의 기적이고 우주의 선물이라는 점을 확실히 볼 수 있게 되면 바로 그 순간 통찰의 빛이 비춥니다. 일단 통찰력을 얻고 나면 이를 유지하기 위해 애써야 합니다. 그렇지 않으면 불안과 초조함이 다시 찾아와서 통찰력을 잃게 되지요. 그러면 더 이상 살아 숨쉬고 있다는 기적을 소중히 하지 못하게 됩니다. 그래서 매 순간 통찰력을 유지하고 키워나가는 것이 중요합니다. 그러기 위해서는 집중해야 합니다. 아주 힘든 일은 아닙니다. 걷고 일하고 먹는 순간에도 온몸으로 깨달음을 느끼려고 노력하고, 우리 몸이 움직임과 손끝 하나하나를 느끼고 살아 있다는 것에 감사하는 마음을 가지기만 하면 됩니다.

하지만 우리 몸이 우리의 것이라는 잘못된 생각에 사로잡히지 않도록 노력해야 합니다. 우리 몸은 네 가지 구성 요소(사대, 四大), 즉 흙과 물 그리고 불과 공기를 포함해 여러 가지 '몸이 아닌' 요소들로 만들어진 것이기 때문이지요. 이러한 요소들에 대해 깊이 명상하다 보면 우리 몸의 안과 밖 사이의 깊은 연관성을 느낄 수 있습니다. 몸 안팎 사이에 경계선을 긋는 것은 불가능합니다. 우리 몸을 구성하고 있는 이 네 가지 요소들은 우리 몸의 바깥을 구성하는 요소들과 동일한 것들이니까요. 계속해서 투입과 산출이 이어지고 있는 것이지요. 지금 이 순간에도 우리는 물과 온기 그리고 호흡을 내쉬고 또다시 몸속에 받아들이기를 계속하고 있지 않습니까? 그와 동시에 우리 몸속의 셀 수 없이 많은 세포들과 원자들이 흙으로 인해 풍성해지고 또다시 흙으로 돌아가고 있다는 것을 느낄 수 있습니다. 병에 걸리거나 죽음의 문턱에 도달했을 때 이러한 사실에 온 정신을 집중한다면 큰 도움이 될 것입니다. 그렇다고 몸이 아프거나 죽기 직전까지 기다릴 필요는 없습니다. 우리 육신이 완전히 분해되는 순간에만 흙으로 돌아가는 것은 아니니까요. 우리는 매 순간 흙으로부터 새로워지고 또 흙으로 돌아가고 있는 것입니다.

• • •

두 번째 몸 : 부처의 몸

인간의 몸을 가지고 있다는 것은 부처의 몸도 가지고 있음을 의미합니다. '부처(佛陀. 붓다. 불타)'라는 단어는 '깨달음을 얻은 자'를 의미하면서 동시에 다른 존재들에게 깨달음을 주기 위해 노력하는 사람을 뜻하는 것이지요. '부처의 몸'이란 깨어 있을 수 있으며 완전히 존재할 수 있다는 것, 이해심과 자비심 그리고 사랑을 나누어 줄 수 있는 우리의 능력을 짧은 단어로 줄여서 표현한 것에 불과합니다.

부처의 몸을 가지기 위해서 '붓다(부처)'라는 단어를 반드시 알아야 하거나 사용해야 하는 것은 아닙니다. 아무것도 믿지 않아도, 설령 부처님을 믿지 않는다고 해도 상관없습니다. 붓다 석가모니는 신이 아니기 때문입니다. 부처님 역시 인간의 몸을 가진 인간이었고 그저 자신이 가진 부처의 몸이 제대로 자랄 수 있는 방식으로 삶을 영위한 것입니다.

모든 인간은 부처가 될 수 있습니다. 정말 반가운 얘기지요. 우리 모두는 마음 다함과 사랑, 이해심과 자비라는 씨앗을 가진 존재들입니다. 이러한 좋은 씨앗이 자랄 기회를 얻을 수 있느냐는 오롯이 우리의 주변 환경과 경험에 달린 문제입니다. 나에게 정말 부처의 몸이 있는지 의심하지 않아도 됩니다. 여러분 모두 이해하고 용서하고 사랑할 능력을 가졌던 때가 있었을 것입니다. 이러한 것들이 여러분이 가진 부처 몸의 씨앗입니다. 이제 여러분은 그 부처의 몸에게 기회를 주기만 하면 됩니다.

여러분 속의 부처를 자라도록 하는 데는 특별한 노력이 필요하지 않습니다. 자연의 아름다움 속에서 눈을 뜬다면, 이미 부처가 된 것이나 다름없으니까요. 그리고 하루 종일 깨어 있는 마음을 유지하는 방법을 알게 된다면 그때는 하루 종일 부처가 된 것입니다.

그러니 부처가 되는 것은 그리 어려운 일이 아니겠지요. 그저 매 순간 깨달음 속에서 살아가려고 애쓰기만 하면 됩니다. 차를 마시는 순간에도 정념(正念)을 할 능력을 발휘할 수 있습니다. 누구나 정념 속에서 호흡을 하고 샤워를 하고 음식을 먹을 수 있습니다. 심지어 설거지를 하면서도 말입니다. 말을 하고 또 다른 사람의 말을 들으면서 공감할 수도 있지요. 여러분이 가진 정념과 집중, 통찰력과 사랑의 씨앗에 더 많은 물을 줄수록 여러분이 가진 부처의 몸이 더욱 성장하게 되고 지금보다 더 행복하고 자유로워질 수 있게 됩니다. 우리의 직업이 무엇이든, 교사, 예술가, 사회사업가 혹은 비즈니스맨이든 상관없이 부처의 마음으로 동참할 수 있습니다. 다만 깨달음이 더욱 커지도록 하고 세상을 긍정적으로 변화시키기 위해 스스로 노력하는 것이 중요합니다.

이렇게 완전히 살아 있음을 느끼고 우리를 치유하고 성장하게 만드는 놀라운 삶의 힘을 감지하게 되면, 비로소 다른 사람들이 덜 고통받도록 도울 힘을 가지게 됩니다. 스스로 깨어 있지 않다면 절대로 다른 사람에게 깨달음을 줄 수 없겠지요. 나 스스로 부처가 되지 못하면 다른 사람을 부처로 만드는 것은 불가능합니다.

깨어 있는 사람, 즉 부처가 된다는 것은 세상에서 고통받고 있는 이들에게 깨달음을 주고 안도감과 변화를 이끌어낼 방법을 찾는 것을 의미하기도 합니다. 그러기 위해서는 엄청난 에너지원이 필요하겠지요. 여러분의 간절한 염원, 즉 사랑의 마음이 바로 그 엄청난 에너지의 근원이 되어 여러분 스스로를 자연의 치유와 회복의 힘, 그리고 세상의 고통에 대해 일깨워 줄 것입니다. 그것은 다른 사람을 도울 힘을 줄 것입니다. 만약 이러한 힘과 사랑의 마음을 가지고 있다면 지금 이 순간에도 부처로 살아가는 것과 다름없습니다.

• • •

세 번째 몸 : 영적 수행의 몸

영적 수행의 몸은 부처의 몸에서 성장한 것을 의미합니다. 영적 수행이란 행복을 만들어내고 고통을 다루는 방식을 깨닫는 기술을 뜻합니다. 마치 정원사가 연꽃을 피우기 위해서 진흙을 적절히 이용하는 방식을 알고 있는 것처럼 말입니다. 영적 수행이란 고난을 극복하고 힘든 시기를 이겨내는 데 큰 도움을 줍니다. 또한 더 깊은 통찰력을 얻기 위해서 가만히 멈추어서 관망하는 기술과도 같습니다. 매우 구체적이지요. 우리는 일상생활 속에서 깨달음과 마음 다함의 씨앗을 키우면서 영적 수행의 몸, 즉 법신(法身, Dharma body)을 구축할 수 있습니다. 우리의 영적 수행의 몸이 더욱 단단해질수록 더 행복해지고 우리 주변의 사람들도 더불어 행복해지고 고통을 덜 받을 수 있도록 도울 수 있게 됩니다. 때문에 누구나 삶 속에서 영적인 면이 필요한 것입니다.

일상 속에서 우리의 강력한 영적 수행의 몸을 발전시키는 것은 다른 사람이 아닌 우리 각자에게 달린 문제입니다. 평온한 발걸음을 한 번 내딛을 때마다 혹은 의식적인 호흡을 한 번 내쉴 때마다 여러분의 영적 수행의 몸은 더욱 성장하게 됩니다. 마음 다함을 통해 강력한 감정을 끌어안고 명확함과 차분함을 회복할 때마다 영적 수행의 몸이 한 단계씩 성장하게 되는 것이지요. 그러면 힘든 순간이 닥쳐서 여러분에게 영적 수행의 몸이 필요한 순간에 바로 그곳

에서 기다리고 있을 겁니다. 공항이든 슈퍼마켓이든 직장이든 어느
곳에서나 말입니다.

> 휴대폰이나 컴퓨터 혹은 지갑을 도둑맞을 수는 있지만
> 그 누구도 여러분의 영적 수행을 훔쳐가지는 못합니다.
> 이는 언제나 우리를 지켜주고 풍요로울 수 있도록 도와줍니다.

부처가 살던 시대에 제자 중에서 바이칼리(Vaikali)라는 수도승이
있었습니다. 바이칼리는 부처를 너무나 흠모했고 부처는 이 사실을
알고 난 후에 스승과 제자의 연을 끊어버렸지요. 바이칼리는 너무
고통스러웠고 엄청나게 힘들었습니다. 심지어 스스로 목숨을 끊으
려고까지 했으니까요. 바이칼리는 부처님의 육체에 매료되었던 것
입니다. 하지만 수행과 가르침을 통해서 성장하고 변화할 수 있었
고 마침내 진실한 사랑에 대한 깊은 이해심을 얻게 되었습니다.

그러던 어느 날, 부처님이 인도 북서쪽의 고대 왕국의 수도인 왕
사성(라자그리하, 王舍城, Rajagriha, 석가모니가 살던 시대의 강국인 마가다의 수
도. 석가모니가 중생을 제도한 중심지로, 불교에 관한 유적이 많다)에서 머물고 있
는 도중에 바이칼리의 건강이 악화되어 사경을 헤매고 있다는 소식
을 듣게 되었습니다. 당시만 해도 부처님 역시 죽음의 문턱에 와 있
던 때였지요. 하지만 소식을 듣자마자 영취산(靈鷲山, 굴산, 그리드라쿠타,
Vulture Peak, 마가다국의 서울 왕사성 라즈기르 교외에 있는 산으로 부처님과 제자들이
머물렀다)의 거처에서 곧바로 내려와 바이칼리가 머물던 옹기장이의

집으로 찾아갔습니다. 그와 직접 만나 공포 없이 육신으로부터 자유로워질 준비가 되었는지 확인해 보고 싶었기 때문입니다. 그래서 부처님은 이렇게 물으셨지요.

"마지막으로 후회되는 일이 있는가?"

"아닙니다, 스승님. 아무런 후회도 없습니다. 단지 몸이 약해져 산에 오를 수 없으니 스승님께서 영취산에 올라 명상하시는 모습을 지켜볼 수 없는 것이 아쉽습니다."

그에게는 아직 미련이 남아 있었던 것입니다.

"바이칼리! 정신 차리거라! 너는 이미 내 법신을 가지고 있지 않느냐. 내가 가진 인간의 몸은 너에게는 필요치 않다!"

부처님의 말은 가르침을 주는 스승의 존재보다 그들이 우리에게 준 가르침이 훨씬 더 중요한 것이라는 뜻입니다. 그들은 자신이 가진 지혜와 경험의 산물을 오롯이 우리에게 전해주고 있습니다. 부처가 바이칼리에게 하고 싶었던 말은 스승의 육신이 아니라 그가 가진 지혜로움에 더욱 집중해야 한다는 것이었습니다. 이러한 가르침은 우리 속에 그대로 녹아 있습니다. 그러니 더 이상 무엇이 필요하겠습니까?

저의 육신 또한 오래 가지 못할 것입니다. 하지만 제 영적 수행의 몸과 부처의 몸은 오랫동안 지속될 수 있을 정도로 강인한 것입니다. 이러한 강인함은 실로 커다란 도움이 되어 주었습니다. 만약 저에게 부처의 몸이 없었다면 또 마음 다함의 수행이 부족했더라면 지금까지 살아오면서 겪어야 했던 수많은 어려움과 고통, 절망을 절대로 이겨낼 수 없었을 것입니다. 그동안 저는 전쟁과 폭력을 몸소 경험했고 조국은 잘게 쪼개졌고, 공동체와 불교 공동체 역시 산산조각이 나는 경험을 했습니다. 때문에 우리는 수많은 차별을 겪었고 증오와 절망을 마주해야만 했습니다. 그 모든 것을 딛고 살아남을 수 있도록 해준 부처의 몸에 감사해야겠지요. 살아남는 것을 넘어서 모든 어려움을 이겨내고 그 안에서 성장하고 변화할 수 있었던 것이 바로 영적 수행의 몸 덕분이니까요.

저 역시 그동안의 수행 경험을 하나도 빠짐없이 제자들에게 전하려고 노력하고 있습니다. 제가 가진 부처의 몸이야말로 제자들에게 줄 수 있는 가장 큰 선물일 테니까요. 저를 치유하고 변화하게 하고 행복과 자유를 가져다주는 것은 다름 아닌 그러한 모든 영적 수행을 겪어낸 몸일 것입니다. 저의 벗들과 제자들이 그러한 영적 수행의 몸을 이어받아 더욱 발전시켜 미래의 세대들에게 전해 줄 것임을 굳게 믿고 있습니다. 그러기 위해서는 모두가 수행에 정진하고 영적 수행의 몸이 성장하도록 계속 애쓰며, 나아가 우리가 살아가는 시대에 더욱 적합해지도록 노력해야 할 것입니다.

• • •

네 번째 몸 : 공동체의 몸

1966년, 저는 서구로 건너와 평화를 외쳤다는 이유로 조국인 베트남에서 추방되었습니다. 당시 기분은 벌집에서 떨어져 나온 벌 혹은 몸에서 분리된 세포가 된 것과 비슷했습니다. 저의 부재에도 사회적 운동과 교육 프로그램을 위해 혼신의 힘을 다해서 애쓰는 동료들과 친구들을 두고 홀로 멀리 떠나와야 했지요. 정말 견디기 힘들고 고통스러운 시간이었습니다. 하지만 마음 다함의 수행 덕분에 회복할 수 있었고 베트남 밖에서 새로운 공동체를 만들기 위한 방법을 찾아야겠다고 마음먹게 되었습니다.

그로부터 일 년 후, 마틴 루터 킹 주니어를 마지막으로 만났고 공동체를 만들자는 우리의 공통된 꿈에 대해서 이야기를 나누었습니다. 그는 그 모임을 '사랑의 공동체'라고 불렀습니다. 서로 같은 염원을 가진 사람들이 모여서 '사랑의 공동체'라는 이름하에 서로의 염원을 일깨울 수 있도록 도움을 주고받는 공동체로 이끌어 가자고 굳게 약속했습니다.

만약 서로의 영적인 길을 성장시키고 싶다면 영적인 친구들이 서로 발전할 수 있도록 도움을 주고받는 공동체를 만들면 되겠지요. 그러면 몸속의 세포들이 그러하듯 서로의 지원자가 되고 도움을 줄 수 있을 테니까요.

공동체가 아닌 혼자 힘으로는 많은 것을 이룰 수 없습니다. 그래서 서로 생각이 비슷한 친구와 동료들이 모여 서로의 깊은 꿈을 일깨워 줄 수 있는 공동체를 만들어 나가야 합니다.

우리 가정뿐만 아니라 직장, 학교, 모임과 병원 역시
사랑의 공동체로 바꾸어 나갈 수 있습니다.
사랑과 이해 그리고 진정한 소통이 가능한 사랑의 공동체이자
가족 같은 정을 느낄 수 있는 곳으로 말입니다.

먼저 생각이 비슷한 동료들과 함께 같은 꿈을 키워가는 것부터 시작해 보세요. 네 명 정도면 충분합니다. 다섯 명도 좋고 그보다 많은 사람이 모이면 더 좋겠지요.

사랑의 공동체를 구성하기 위해서 가장 중요한 요소는 바로 사랑과 신뢰, 즐거움과 조화 그리고 형제자매처럼 끈끈한 정입니다.

삶의 방향에 대한 이해심과 자비로움 그리고 함께 협력하려는 마음을 가지는 순간 우리 모두가 서로의 에너지를 느낄 수 있고 그로부터 좋은 기운을 느낄 수 있습니다. 그러면 다른 사람의 통찰력과 어려움에 대해 진지하게 경청할 수 있는 순간을 만들 수도 있고, 따뜻한 차와 다과를 즐기며 함께하는 시간을 가지며 휴식을 취할 수도 있겠지요. 이러한 공동체는 많은 사람들에게 지원을 아끼지 않는 근본이면서 또한 휴식처가 되어 주어야 합니다. 삶을 살아가면서 이러한 공동체를 꽃피울 수 있다면, 미래로 한 걸음 더 나아갈 수 있을 것입니다.

● ● ●

다섯 번째 몸 : 외부의 몸

우리 모두는 이 세상의 다양한 곳에서 존재하고 있습니다. 이곳에 존재하면서도 동시에 감옥 속에 있는 사람도 있습니다. 이곳에 존재하면서도 영양실조로 고통받는 아이들이 살고 있는 아주 먼 나라에 있는 사람도 있습니다. 우리의 존재가 반드시 육체와 함께 존재할 필요는 없습니다. 이렇게 글을 쓰면서도 나의 존재는 수천 갈래로 나뉘어서 이 세상 곳곳에 존재하고 있으니까요. 지금까지 여러분에게 소개한 나의 책들도 그러한 기준에서 보면 나 자신에게 속한 외부의 몸이라고 할 수 있습니다.

나라는 존재는
캘리그라피의 형상으로 집안에 들어갈 수도 있고
DVD의 형상으로 감옥에 들어갈 수도 있습니다.

스페인의 마드리드에서 가르침을 전달하고 있을 때였습니다. 남미에서 온 여자 분이 어느 정신병원에서 운영하고 있는 '마음 다함의 종'이라는 체육 프로그램에 대한 이야기를 해주더군요.

'마음 다함의 종'이란 다름이 아니라 종을 울리면 하던 일을 멈추고 모든 정신을 자신에게 집중하는 시간을 가지게 만드는 프로그램이었습니다. 종이 울리면 의사, 간호사, 환자 할 것 없이 모두가 하던 일을 멈추고 최대한 편한 자세에서 모든 정신을 집중하며 호흡

을 한다는 것입니다. 그 병원에서는 심지어 컴퓨터와 휴대폰에도
마음 다함의 종이 울리도록 설치해 놓았다고 했습니다. 그분의 말
에 따르면 '마음 다함의 종' 덕분에 병원에 있는 전문 의료진들과 환
자들 모두가 매우 평온하고 긍정적인 기운을 얻고 있다고 하더군
요. 지금까지 저는 멈춤과 평온 그리고 진정한 깨달음의 순간을 만
드는 것이 가능하다는 설법을 꾸준히 이어왔습니다. 하지만 그 병
원에는 한 번도 가 본 적은 없으며 우리 제자들 역시도 그곳에 가
본 적이 없습니다. 아무도 가 보지 않은 곳에서 우리 수련원에서 행
하는 것과 똑같은 종소리를 통해서 평안을 얻는 것이 어떻게 가능
했을까요? 우리 존재와 수련 그리고 행동이 오직 이곳에만 국한되
지 않았기 때문입니다. 내 몸을 감싸고 있는 살과 뼈과 몇 십 킬로
그램에 불과한 뼛조각이 나라는 존재의 전부가 아니라는 뜻입니다.

북미와 영국에 있는 여러 교도소에서는 수감자들을 대상으로 걷
기 명상과 앉기 명상을 실시하고 있습니다. 호흡하는 방법, 걷는 방
법, 그리고 친절과 자비를 가지고 서로 대화하는 방법도 가르치고
있지요. 그곳에서 명상을 하는 수감자들 속에도 바로 제가 있습니
다. 제가 쓴 책을 읽은 분들이기에 저의 몸이 깃들어 있는 것이지
요. 제가 가르친 수행법을 읽고 직접 실행에 옮기고 있기에 '틱낫한'
이라는 존재가 계속될 수 있는 것입니다. 결국 그 모든 이들이 저
의 몸 외부에 존재하는 몸인 것이지요.

우연히 수감자 한 분이 초보 승려들과 여성 수행자를 교육하기

위해서 쓴 『자유로 한 걸음 들어가기』라는 책을 보고, 스스로 승려가 되기로 결심했습니다. 하지만 교도소 안에서는 수계를 받을 수가 없는 상황이라는 것을 깨닫고 스스로 머리를 삭발하고 본래 스승에게 받아야 하는 계를 스스로 행하게 됩니다. 그리고 교도소 안에서 초보 승려로서 수행을 시작했다고 들었습니다. 이런 이야기를 들을 때마다 저 자신이 이 세상 곳곳에 존재하고 있으며 제 공동체의 몸이 여러 곳에 퍼져 있음을 느낍니다. 우리 몸은 비단 한 곳에만 머물러 있는 것이 아니라는 뜻입니다. 이처럼 우리는 같은 시간에 여러 곳에서 존재할 수 있습니다.

이는 아버지와 아들, 그리고 어머니와 딸의 경우에도 마찬가지입니다. 아버지가 무상의 눈으로 아들을 바라볼 때, 그는 아들이 아닌 자신을 보고 있는 것입니다. 그 아들은 아버지이면서 아들인 셈이지요. 그 순간 아버지는 외부의 몸을 보고 있는 것입니다. 반대로 아들이 아버지를 바라볼 때에도 아버지 속에서 자신의 모습을 볼 수 있고, 그 역시도 외부의 몸이라고 할 수 있습니다. 우리가 자녀들이나 손자를 보며 스스로의 모습을 볼 수 있을 때 비로소 우리는 외부의 몸을 감지할 수 있는 것입니다.

여섯 번째 몸 : 연속적인 몸

우리는 삶을 살아가는 동안 계속해서 에너지를 만들어냅니다. 말하고 행동하고, 머릿속에 떠올리는 생각과 단어, 행동 등을 통해 우리의 특징이 전달되고 있는 것입니다. 이렇게 우리가 만들어내는 생각과 말, 행동은 이 세상에 영향을 미치는데 바로 이것을 연속적인 몸이라고 합니다. 우리 행동은 우리를 미래로 이끌지요. 우리는 소멸 후에도 빛 에너지를 통해 수백만 년 동안 우주를 빛나게 하는 별들과도 같은 존재입니다.

우리가 증오와 분노, 절망의 생각을 발산할 때 이는 다시 우리에게 돌아오고 나아가 세상에도 나쁜 기운을 퍼트리게 됩니다. 영원히 이 세상에 유해한 기운으로 남고 싶은 사람은 없을 테지요. 누구나 자비심과 이해 그리고 사랑의 기운을 만들고 싶어 할 테니 말입니다. 우리가 자비심과 이해의 생각을 만들어낼 수 있을 때, 우리 자신과 또 세상을 치유하고 풍요롭게 만들 수 있습니다. 산성 구름이 산성비를 만들어내는 것처럼, 분노와 두려움, 원망과 차별의 에너지는 우리 자신과 타인에게 유독한 환경을 만들게 됩니다. 여러분이 가진 시간을 지혜롭게 활용하세요. 매 순간에 희망과 용서 그리고 자비로움을 만들어낼 수 있는 생각과 말 그리고 행동을 하면 됩니다. 여러분의 말과 행동 하나하나가 타인과 우리 세상을 지키고 도울 수 있습니다.

올바른 생각을 하는 기술을 통해 스스로를 단련시킬 수도 있습니다. 이를 통해 매일 긍정적이고 발전적인 생각을 키워나갈 수 있겠지요. 만약 과거에 어떤 사람 때문에 부정적인 생각을 가지고 있다고 해도 이제 와서 그 상황을 바꿀 수는 없습니다. 현재는 과거와 미래를 동시에 담고 있는 시간입니다. 지금 이 순간 자비와 사랑과 용서의 기운을 만들어낼 수 있다면 과거의 부정적인 생각이 긍정적인 것으로 변화될 것이고 결국에는 더욱 아름다운 미래를 약속해 줄 것입니다.

매 순간 자비로움을 베풀기 위해 수행해야 합니다.
생각은 곧 행동입니다.
우리의 자비로운 생각은 우리의 특징을 만들어냅니다.
이것이 우리의 연속체가 됩니다.

무심코 내뱉는 단어들도 에너지가 되어서 상상조차 하지 못했던 열매를 맺는 효과를 가져옵니다. 때문에 소통의 기술을 습득하여 우리의 말이 사랑과 화해, 그리고 이해를 이끌어낼 수 있도록 해야 합니다. 부정적이고 투박한 말은 입 밖으로 뱉을 때 쓴맛이 납니다. 반대로 이해심과 사랑으로 가득 찬 말은 달콤함이 느껴지지요. 누군가에게 화가 나 있다고 하더라도, 화해를 하기 위해서 사랑스러운 언어를 사용하면 서로에게 치유가 될 수 있습니다. 그러면 곧바로 마음이 가벼워지고 편해지지요. 여러분도 도전해 보세요. 의식적인 호흡과 깊은 호흡을 연습하고 여러분 자신과 다른 사람이 겪고 있을 고행을 헤아려 보기 바랍니다. 그러고 나서 상대가 남자든 여자든 전화를 걸어서 1~2분 정도라도 바른 언어를 사용해 대화를 하기로 결심해 보세요. 우리는 이런 순간을 아주 오랫동안 기다려 왔을지 모릅니다. 비록 감지하지 못했다고 해도 이 같은 마음은 상대방도 마찬가지일 겁니다.

전화 대신 이해심과 자비심이 가득한 이메일이나 문자를 보내도 괜찮습니다. 아마도 편지를 보내기도 전에 마음이 치유되는 것을 느낄 수 있을 겁니다. 사랑하는 사람과 화해하는 일에 있어서 너무 늦은 때라는 것은 없으니까요. 비록 상대가 이미 세상을 떠났다고 해도 말입니다. 이 세상에 없는 사람이라고 해도 후회와 사랑의 메시지를 담은 편지를 보내는 것은 가능합니다. 그것만으로도 평온과 치유를 가져오니까요. 여러분이 적는 단어들은 아름다운 보석이 될 것이며, 시공을 초월하여 상호간의 이해와 사랑을 만들어낼 것입니다.

우리는 또한 신체의 움직임을 통해서도 영원히 계속됩니다. 실제로 몸을 사용해 남을 보호하거나 돕거나 구해주거나 깨달음을 주기 위해 노력할 때마다 그 행동이 우리 자신과 세상을 치유하고 풍요롭게 만듭니다. 스스로에게 질문을 던져 보세요.

"나의 신체적 에너지를 어디에 투자할 것인가?"

"내 몸이 썩어서 없어진 후에 무엇을 남길 수 있을까?"

"나의 꿈이 뭔지 알기 위해서 오늘 나는 무엇을 할 수 있을까?"

자, 다시 한 번 하늘에 떠 있는 구름을 살펴보세요. 여전히 구름의 모습을 하고 있지만 지금도 구름의 연속적인 몸은 비와 눈, 그리고 우박의 형태로 변화하고 있습니다. 구름 중 1/3은 비로 바뀌고 나머지 2/3는 여전히 하늘에 남아 있다고 가정해 봅시다. 아마 하늘에 있는 구름은 흐뭇하게 땅으로 떨어지는 비를 바라보고 있을 것입니다. 구름이 된다는 것은 아름다운 일이지요. 하지만 비가 되어 땅을 적시고 가느다란 시내가 되어 졸졸 흘러가는 것도 마찬가지로 아름답습니다. 하늘에 떠 있는 구름은 땅을 내려다보면서, 자신의 연속적인 몸이 신선하고 청정한 시냇물이 되어 시골길을 유유히 흘러가는 모습을 보며 즐거움을 느낄 것입니다.

여든 살이 되던 해, 한 기자가 영적 스승으로서의 자리에서 언제 은퇴할 계획인지 묻더군요. 저는 그저 미소를 지으며 가르침이란 비단 말이 아니라 삶을 살아가는 방식을 통해서도 전할 수 있는 것이라고 설명했습니다. 우리 삶 자체가 가르침인 것이지요. 우리 삶은 하나의 메시지입니다. 그래서 제가 마음을 다해 앉고 걷고 먹고, 또 공동체와 주변 사람들과 소통할 수 있는 한 저의 가르침은 끝나지 않을 것이라고 말했습니다. 덧붙여 오랜 수행을 마친 제자들이 저를 대신해 설법을 할 수 있도록 기회를 주고 있다는 점도 알려주었습니다. 대부분 훌륭하게 설법을 하고 있으며 실제로 저보다 훨씬 더 나은 제자들도 있습니다! 저의 가르침을 받은 제자들이 깨달음을 전하는 모습을 볼 때, 그들 안에서 저의 모습을 볼 수 있습니다.

여러분이 아들이나 딸, 혹은 손자들을 볼 때도 마찬가지로 여러분의 연속적인 몸을 볼 수 있습니다. 교사가 학생들을 바라볼 때도 그들 안에서 자신의 연속적인 몸을 볼 수 있겠지요. 만약 교사가 행복하고 충분한 자유와 자비심 그리고 이해심을 가지고 있다면 학생들 역시도 행복하고 이해심이 충만할 것입니다. 우리 역시 연속적인 몸을 지금 바로 찾아볼 수 있습니다. 하루도 빠지지 않고 이런 수행을 계속해 나가야 함을 반드시 기억해야 합니다. 저 역시 친구들과 학생들 그리고 천 명이 넘는 승려들과 여성 수행자들이 저를 통해 마음 다함을 수행하고 세계 곳곳에서 수행을 이끌어 가는 모습을 볼 때면, 저의 연속적인 몸을 찾아볼 수 있습니다.

> 매우 젊고 싱싱한 나이라고 해도
> 여러분의 연속적인 몸은 이미 존재하고 있습니다.
> 여러분도 느낄 수 있습니까?

여러분이 부모님, 형제와 자매, 그리고 선생님과 학생들 속에서 어떻게 연속적으로 살아가고 있는지 느낄 수 있습니까? 여러분의 부모님과 사랑하는 이들이 어떻게 연속적으로 살아가고 있는지 느낄 수 있나요? 반드시 나이가 들고 죽어야만 우리의 연속적인 몸을 볼 수 있는 것은 아닙니다. 구름이 자신의 연속적인 몸을 보기 위해서 완전히 비로 바뀌지 않아도 되는 것처럼, 우리 역시 죽어서 몸이 썩을 때까지 기다려야만 우리의 연속적인 몸을 볼 수 있는 것은 아닙니다. 여러분의 연속적인 몸이 비가 되고 강이 되고 바다가 되는 모습을 느낄 수 있나요?

지금 이 순간 나의 연속적인 몸을 보기 위해서는 스스로 수행의 과정을 거쳐야 합니다. 우리가 이 세상에 살아 있는 동안 나의 연속적인 몸을 볼 수 있다면, 이러한 연속성이 미래에 어떤 식으로 아름다운 꽃을 피우게 되는지 이해할 수 있게 됩니다. 이것이 바로 삶의 지혜입니다. 그렇게 되면 우리의 육신이 소멸하는 순간이 닥치더라도 마음 편히 내 몸을 놓아줄 수 있을 것입니다.

저는 종종 제 몸을 주전자에서 끓어오르다가 수증기가 되는 물에 비유하곤 합니다. 만약 내가 세상을 떠나 몸이 썩어서 한 줌의 흙이 된다면, 여러분은 이렇게 말할 겁니다.

"틱낫한이 죽었다."

하지만 그건 사실이 아닙니다. 저는 절대로 죽지 않습니다. 저의 본질은 불생불멸이라는 말처럼 구름과 비슷합니다. 구름을 두고 죽는다고 표현하지 못하는 것처럼 저 역시 마찬가지입니다. 구름이 비로 변해 땅에 떨어져 강이 되어 흘러가는 모습을 보며 즐거워하는 것처럼 저 역시도 나의 연속적인 몸을 바라보며 즐거움을 느낄 수 있습니다. 여러분 역시 자신의 모습을 자세히 바라보면, 그 속에 틱낫한의 연속적인 몸을 볼 수 있을 겁니다. 들이쉬는 숨과 내쉬는 숨에서 평온과 행복, 그리고 성취감을 느낄 수 있다면 그 속에 저의 연속적인 몸이 함께하고 있을 겁니다. 틱낫한의 육체가 살아 있든 살아 있지 않든 간에 말입니다. 이처럼 저는 친구들과 제자들 그리고 수도승 속에 영원히 계속되고 있습니다. 비록 직접 만나보지는 못했지만 저의 책을 읽고 법문을 들은 사람들, 혹은 지역 공동체나 수련원에서 마음 다함을 수련하고 있는 이 세상의 수많은 사람들 속에 틱낫한이라는 존재는 영원히 살아 있습니다. 여러분도 무상의 눈으로 볼 수 있게 되면, 지금의 겉모습을 넘어서 나의 모습을 느낄 수 있을 것입니다. 따라서 "우리가 죽으면 어떻게 됩니까?"라는 질문에 대해 "여러분은 죽지 않습니다"라고 간략히 대답할 수 있을 것입니다. 그것이 진실입니다. 사람이 죽는다는 것의 본질을 이해하고 나면, 죽음의 본질을 깨닫고 이 세상에 완전히 사라진다는 것은 없다는 것을 알 수 있을 테니까요. 무아(無我)는 죽지 않습니다. 그저 다른 모습으로 변할 뿐입니다.

· · ·

일곱 번째 몸 : 우주적인 몸

우리의 우주적인 몸은 현상계 전체를 아우르고 있습니다. 우리의 신체는 언젠가 썩어서 분해되지만 우리는 이를 넘어서는 놀라운 존재들입니다. 또한 우리는 우주이며 이는 우리 몸을 이루는 근원입니다. 우주가 없다면 우리 몸도 이곳에 존재할 수 없습니다. 이러한 연기(緣起)의 통찰력을 통해 우리 안에 구름이 존재하고 있다는 것을 느낄 수 있습니다. 우리 안에는 산과 강, 들판과 나무도 있습니다. 따뜻한 햇살도 있지요. 우리는 빛의 아이들입니다. 우리는 태양과 별의 아들딸이지요. 지금 이 순간에도 전 우주가 서로 힘을 합쳐 우리 몸을 지탱하고 있습니다. 따라서 우리의 미천한 육신은 모든 현상들의 영역을 한데 담고 있는 셈입니다.

우리의 몸을 파도라고 상상해 보세요. 그리고 우리의 우주적 몸은 바다를 넘실거리는 다른 파도들과 함께 움직이고 있습니다. 그 파도들 속에서 우리를 볼 수 있고 우리 안에서 파도를 볼 수 있습니다. 바로 지금 이 순간에 말입니다. 우리는 별 가루로 만들어졌습니다. 우리는 지구의 자식들이고 지구와 똑같은 요소들과 미네랄로 이루어져 있습니다. 우리 속에는 산과 강, 별과 블랙홀이 담겨 있지요. 우리 삶의 매 순간마다 우주가 살아 숨 쉬고, 다시 태어나고 있으며 다시 우주를 향해 귀환하고 있습니다. 우리는 대기를 통해 호흡하고 지구의 음식을 먹고 새로운 아이디어를 만들어내고 새로운 감정을 경험합니다. 그리고 우리의 생각과 말, 행동을 통해서 또 우리의 내쉬는 숨과 따뜻한 기운을 통해서, 우리가 소비하고 소화하는 모든 것들을 다시 풀어내며 다시 우주로 돌아가고 있는 것입니다. 지금 이 순간에도 우리 몸의 여러 부분들이 지구로 돌아가고 있습니다. 우리 몸이 죽어서 분해된 후에만 지구로 돌아가게 되는 것은 아니라는 의미입니다.

우리는 이미 지구 안에 있으며
지구는 우리 안에 존재하고 있습니다.

우리의 육신은 우주의 걸작입니다. 따라서 우리 몸을 소중히 하고 존중하고 아낄 때 우리는 우주적인 몸을 소중히 하고 존중하고 아낄 수 있습니다. 그런 식으로 우리 몸을 소중히 다루며 살아간다면 동시에 우리는 선조들과 우주적인 몸을 아끼고 소중히 하고 있는 것이라고 할 수 있습니다.

• • •

여덟 번째 몸 : 궁극의 몸

우리의 여덟 번째 몸은 우주의 심연에 존재하고 있습니다. 실제의 본성 그 자체로서 모든 인식과 형태, 상과 생각을 넘어서는 것이지요. 이를 '우주 본질'의 몸이라고 표현할 수 있습니다.

파도, 햇살, 산과 공기, 물과 별처럼 세상 만물과 접촉할 때 우리는 외향과 상의 현상계를 인지하게 됩니다. 이러한 상대적 진리의 수준에서 모든 것은 변화합니다. 만물은 생과 사에 귀속되고 존재와 비존재로 구분됩니다. 하지만 이러한 현상계의 깊숙한 곳을 접촉하게 되면 외향과 상을 넘어서 절대적 진리에 닿을 수 있게 됩니다. 우주의 본질, 다시 말해 관념이나 단어 혹은 '생'과 '사', '오다' 그리고 '가다'라는 개념으로 표현이 불가능한 수준에 도달하게 되는 것이지요.

우리는 바다 표면으로 밀려오는 파도와 같습니다. 그 파도는 오래 계속되지 못합니다. 아무리 길어 봤자 10초에서 20초 정도겠지요. 이러한 파도는 시작과 끝이 있고 상승과 하락을 반복합니다. 이러한 파도는 '나는 이곳에 존재하고 나중에는 이곳에 존재하지 못할 것이다'라는 관념에 사로잡혀 있습니다. 또한 두려움이나 분노를 느낄 수도 있겠지요. 하지만 파도 역시도 바다라는 몸에 속해 있습니다. 바다로부터 태어나 다시 바다로 돌아가게 됩니다. 파도라는 몸과 바다라는 몸을 모두 갖추고 있는 것입니다. 따라서 파도 그 자체일 뿐만 아니라 바다의 일부이기도 합니다. 파도는 동떨어진 바다의 몸을 구하려고 할 필요가 없습니다. 지금 이 순간 파도는 파도 그 자체이면서 바다의 일부임을 알고 있기 때문입니다. 파도가 바다로 돌아가 자신의 본질에 닿으면 다시 물이 되고 그러면 모든 분노와 불안이 사라지게 될 것입니다.

우리 의식의 심연을 아뢰야식(阿賴耶識) 즉 근원적 인식이라고 부릅니다. 이는 본질의 절대적인 부분과 맞닿을 수 있는 능력을 가지고 있지요. 우리의 정신 의식은 지금 당장 본질을 인식할 수 없지만, 근원적 인식은 지금 이 순간에 우주의 본질과 맞닿을 수 있습니다.

여러분이 우주적인 몸을 인지하는 순간에 여러분은 바다 위를 둥둥 떠다니는 빙하 조각이 아닌 물 자체가 되는 것입니다. 우리는 의식적 호흡과 우리 몸의 깊은 깨달음을 통해서 숙고와 식별력, 그리

고 분석의 지대에서 벗어날 수 있으며 나아가 함께 존재함, 즉 연기
의 영역에 들어설 수 있습니다.

• • •
모든 것이 어울려 존재(Inter-is)한다

우리 여덟 개의 몸들은 서로 긴밀히 연결되어 있습니다. 인간의
몸, 부처의 몸, 영적 수행의 몸, 외부의 몸, 연속적인 몸, 마지막으
로 우주적인 몸은 함께 더불어 존재하고 있지요. 우리의 신체는 우
주적인 몸과 우주의 본질을 모두 포함하는 것입니다. 모든 개념과
관념 그리고 인식을 뛰어넘는 본질 그 자체인 것이지요. 우리의 우
주적인 몸은 우주와 창조 그리고 신의 걸작입니다. 우주를 자세히
들여다보면 우리는 그 본질을 발견할 수 있습니다. 창조를 자세히
들여다보면 조물주를 볼 수 있는 것처럼 말입니다.

처음에는 모든 것들이 서로의 외부에 존재하는 것처럼 보일지 모
릅니다. 태양은 달이 아니며 이 은하계가 다른 것과 구별되는 것처
럼 보이지요. 여러분 역시 저의 외부에 존재하고 있으니까요. 아버
지는 아들의 외부에 존재합니다. 하지만 더 자세히 들여다보면 모
든 사물이 긴밀히 연결되어 있음을 인지할 수 있습니다. 우리는 꽃
에서 비를 떼어낼 수 없고 나무에서 산소를 분리할 수 없습니다. 아
들에게서 아버지를 떼어낼 수 없고 아버지에게서 아들을 떼어낼 수

없는 것처럼 말입니다. 우리는 산이고 강입니다. 또한 태양이고 별입니다. 모든 것들이 함께 존재하고 있습니다. 물리학자 데이비드 봄(David Bohm)은 이를 '접힌 질서'라고 표현했습니다. 처음에는 '외부의 질서'만 볼 수 있지만 모든 사물이 서로의 외부에 존재하지 않음을 깨닫는 순간 우리는 우주의 본질에 가까워질 수 있게 됩니다. 파도에서 물을 분리해 낼 수 없음을 깨닫게 되는 것이지요. 반대로 물에서 파도를 분리해 낼 수도 없습니다. 파도가 물 그 자체인 것처럼 우리도 궁극의 존재들입니다.

많은 사람들이 아직도 신이 우주, 즉 자신의 피조물에서 동떨어져 존재한다고 믿고 있습니다. 하지만 여러분에게서 신을 분리할 수 없듯이 여러분에게서 궁극의 몸을 분리할 수 없습니다. 열반은 여러분 안에 있는 것이니까요.

> 궁극의 경지에 도달하고 싶다면 우리 몸의 바깥이 아닌
> 내부를 자세히 들여다봐야 합니다.

우리 몸의 내부를 세밀히 살펴보면 본질을 깨달을 수 있습니다. 자연 속에서 걷기 명상을 수행하면서 마음 다함과 집중의 강도가 깊어지면, 혹은 아름다운 석양이나 자신의 신체를 자세히 살피다 보면 우주의 본질에 닿을 수 있습니다.

마음 다함의 수련을 하면 여러 가지의 위안을 얻을 수 있습니다. 하지만 가장 큰 위안과 평화는 불생불멸의 본질을 감지할 수 있을

때만 비로소 가능합니다. 충분히 가능한 일이고 누구나 할 수 있습니다. 이는 커다란 자유를 불어넣어 줍니다. 만약 우리의 우주적인 몸과 신의 몸, 열반의 몸에 닿을 수 있다면 더 이상 죽음을 두려워하지 않게 됩니다. 이는 부처님의 가르침과 수행의 정수라고 할 수 있습니다. 평온 속에서 행복하게 죽음을 맞이하는 사람들이 존재하는 이유는 그들 스스로 바로 이러한 통찰력의 경지에 올랐기 때문입니다.

● ● ●

수행법 : 영생(永生)의 명상

일상 속에서도 여러분이 가진 여덟 개의 몸을 인지하고 이들과 연결되어 있음을 느끼며 살아가는 것이 충분히 가능합니다. 그러면 나의 존재가 시공을 초월하여 연속되며 우리의 삶이 무한하다는 것을 깨닫게 되겠지요. 언젠가 흙이 되어 사라지는 육신은 여러분이 가진 극히 일부에 지나지 않습니다.

잠시 명상의 시간을 가지고 다음의 글에 따라 명상을 시작해 보시기 바랍니다. 여러분 삶에 한계가 없으며, 여러분이 무한한 존재라는 사실을 알려주는 글이라고 생각하면 됩니다. 한 구절 한 구절이 부드러운 빗방울처럼 여러분 의식의 흙 위로 떨어지도록 천천히 읽어 보기 바랍니다.

나는 네 개의 요소들로 이루어진 나의 몸이
진짜 내가 아니라는 사실을 알고 있으며,
나는 나의 육신에 의해 한정되지 않는다.
나는 삶과 선조의 피 그리고 영적 스승의 강물이 모인 전체로서
지금까지 수천 년을 흘러 내려왔고
앞으로도 수천 년을 흘러갈 것이다.
나는 선조들과 후손들의 결합이다.
나는 수천 개의 형상으로 표현되는 생명이다.
나는 평온하고 즐겁고 고통스럽고
두려워하는 모든 인간과 종의 결합이다.
바로 지금 이 순간
나는 이 세상 모든 곳에 존재하고 있다.
과거에도 그러했고 앞으로도 그러할 것이다.
자두나무에 핀 꽃잎이 떨어진다고 해서
자두나무가 죽는 것이 아닌 것처럼
나의 육신이 흙으로 돌아가는 것은
나에게 아무런 영향도 미치지 않는다.
나는 바다 위를 굽이치는 파도와도 같다.
주변에 굽이치는 파도 속에 내가 있고
내 속에 다른 파도들이 있다.
설령 파도가 사라져버린다고 해도
바다의 존재가 사라져버리는 것은 아니다.
나의 부처의 몸과 영적인 삶은
생과 사에 구속되지 않는다.
나의 육신이 세상에 나타나고
나의 육신이 세상에서 사라진 후에도
나의 존재를 감지할 수 있다.
지금 이 순간조차
나는 나의 존재를 외부에서 볼 수 있다.
나의 수명은 여든 살, 아흔 살에 국한되지 않는다.

나의 수명은 하나의 잎 혹은 부처의 것처럼
그 길이를 헤아릴 수 없다.
나는 시간과 공간 속에서 다른 삶의 현현들과
동떨어진 존재라는 생각을 뛰어넘어 사고할 수 있다.

• • •

안내 명상 : 우주와 함께 호흡하기

나는 들이쉬는 숨에 내 안의 지구와 공기를 느낍니다. 내 안의 구름과 눈, 비와 강을 느낍니다. 대기와 바람, 숲 그리고 산과 바다를 느낍니다. 내 안의 지구를 느낍니다.

내쉬는 숨에 내 안의 지구를 보며 미소 짓습니다. 나는 대지와 함께 있으며 태양계의 가장 아름다운 행성과 함께 있습니다.

내 안에 대지가 있습니다.
태양계에서 가장 아름다운 행성을 향해서
미소 짓습니다.

들이쉬는 숨에 내 안의 빛을 느낍니다. 나는 빛으로 이루어져 있습니다. 나는 태양으로 이루어져 있습니다. 삶의 무한한 근원으로서의 별, 매 순간 우리를 풍요롭게 만드는 별을 느낍니다. 석가모니 부처가 태양의 아들인 것처럼 우리 역시 태양의 아이입니다.

내쉬는 숨에 내 안의 태양에게 미소 짓습니다. 나는 태양이고 별이고 온 은하계를 통틀어 가장 아름다운 별 중 하나입니다.

나는 태양의 딸이고 아들입니다.
나는 별입니다.

들이쉬는 숨에 내 안의 선조들을 느낍니다. 나를 이루고 있는 미네랄과 행성, 포유류와 인간의 선조들을 모두 느낍니다. 나의 선조들은 내 몸의 세포 하나하나에 살아 숨 쉽니다. 나는 그들의 불멸속에서 존재하고 있습니다.

내쉬는 숨에 찻잔에서 피어오르는 뽀얀 수증기를 보며 미소 짓습니다. 수증기는 죽지 않습니다. 눈이 될 수도 비가 될 수도 있지만 절대 무(無)가 되지 않습니다. 나는 구름의 불멸 속에서도 존재하고 있습니다.

나는 선조들과 함께 존재합니다.
나는 선조들의 불멸 속에서 존재하고 있습니다.

들이쉬는 숨에 내 안의 별들과 은하계를 느낍니다. 나는 우주 안에서 끝없이 나타납니다. 나는 별과 은하계로 이루어져 있습니다.

내쉬는 숨에, 내 안의 별들에게 미소 짓습니다. 나는 구름과 비, 별과 우주의 불멸 속에서 존재하고 있습니다.

내 안의 별들과 은하계를 향해 미소 짓습니다.
나는 별들과 우주의 불멸 속에서 존재하고 있습니다.

들이쉬는 숨에 나는 그 무엇도 창조되지 않고 또 소멸하지 않음을 느낍니다. 모든 것은 변형될 뿐입니다. 나는 불생불멸의 본질과 에너지를 느낍니다. 생과 사, 존재와 비존재는 그저 관념에 불과함을 느낍니다.

내쉬는 숨에 나는 불생불멸이라는 나의 본질을 향해 미소 짓습니다. 나는 존재와 비존재로부터 자유롭습니다. 죽음이 없으므로 두렵지 않습니다. 나는 불생불멸의 본질 속에서 비로소 열반을 느낍니다.

그 무엇도 창조되거나 소멸하지 않습니다.
나는 존재로부터 자유로우며
비존재로부터 자유롭습니다.

제 3 장

無願

무원

3장
—

무원(無願)
신(God) 안에서 안식

당신은 이미 당신이 원하는 존재이다.
지금 그 자체로 경이로우며 기적이다.

어느 날 스스로 영웅이라 믿는 로히땃사(Rohitassa)가 말을 타고 와서 부처에게 물었습니다.

"스승님, 빠른 속도로 달릴 수 있다면 생과 사, 그리고 고통과 차별의 세상에서 벗어날 수 있을까요?"

인간은 태초부터 빠르게 원하는 목적지에 도달하고 싶은 욕망을 가진 존재인 모양입니다. 지금까지도 우리는 빛의 속도로 빠르게 이동할 수 있는 장치를 만들려고 애쓰며 다른 차원에 닿을 수 있기를 원하니까요. 부처가 살던 시대만 해도 비행기도 우주 로켓도 없었습니다. 그나마 빠르게 이동할 수 있는 수단이라고는 말을 타는 것뿐이었습니다.

그의 질문에 부처님이 자애롭게 대답하셨습니다.

"그렇지 않다. 제 아무리 빠른 속도라고 해도 현세에서 벗어난다는 것은 불가능하다."

"맞는 말씀입니다! 전생에서도 저는 빛의 속도에 가까울 정도로 빠르게 이동했습니다. 먹지도 않고, 잠도 안 자고, 마시지도 않았지요. 그저 빨리 달리기만 했는데도 아직까지 이생에서 벗어나지 못하고 있습니다. 결국 세상에서 벗어나지 못하고 그대로 죽게 되었고요. 그러니 스승님의 말씀이 백 번 옳습니다!"

"하지만 벗어날 수 있는 길이 전혀 없는 것은 아니다. 내면을 자세히 살피기만 하면 가능하다. 6척 정도밖에 안 되는 네 몸의 내면을 자세히 살피다 보면 우주의 무량성(無量性)을 발견할 수 있을 것이다. 그러면 빛의 속도로 달리지 않아도 생과 사, 고통과 차별의 세상 너머의 진리에 닿을 수 있다."

대부분의 사람들은 평생을 정신없이 달리는 데만 몰두합니다. 미래를 향해, 과거에서 벗어나기 위해서 지금 우리가 있는 곳에서 도망치려면 열심히 달려야 한다고 굳게 믿고 있지요. 하지만 그렇게 애써 도망칠 필요가 없습니다. 그저 조용히 자리에 앉아서 내면을 자세히 들여다보기만 하면 우리 안에 우주 전체가 들어 있다는 사실을 발견할 수 있게 되니까요.

우리 몸은 온갖 정보들이 담긴 기적과도 같습니다. 우리 자신을 이해하는 것이 바로 우주 전체를 이해하는 것과 같습니다.

나가는 길은
내 안에 있습니다.

따라서 우리 스스로가 둘러싼 세상으로부터 동떨어진 존재라고 생각하는 한, 우리는 세상에서 벗어날 수 있을 거라고 믿게 됩니다. 하지만 우리 스스로가 세상 그 자체라는 사실과 '우리가 아닌 요소'들로 이루어져 있다는 사실을 깨닫게 되면 우리가 속한 곳의 바깥으로 도망쳐야 할 필요를 느끼지 못하게 되겠지요. 우리가 세상 그 자체이니 세상 밖으로 도망칠 수 없는 것이니까요. 우리는 이미 우리가 바라는 모든 존재입니다.

• • •

신(God) 안에서 쉼

파도가 물을 찾기 위해서 애쓰지 않는 것처럼, 우리도 궁극에 도달하기 위해 애쓰지 않아도 됩니다. 파도가 물 그 자체인 것처럼 여러분도 이미 여러분이 원하는 존재이니까요. 여러분은 해와 달, 그리고 별로 이루어진 존재입니다. 여러분 안에 이미 모든 것이 존재하고 있습니다.

기독교에서 흔히 말하는 것 중에 '주님 안에서 쉼'이라는 구절이 있습니다. 모든 욕망과 경쟁심을 내려놓으면 신(God) 안에서 휴식을 취하는 것처럼 느껴지게 되지요. 현재의 순간 속에서 나라는 존재를 확고히 하고, 궁극의 경지에 머무르며 우리의 우주적 몸에서 쉴 수 있게 되는 것입니다. 궁극의 경지에 머무르기 위해서 특별한 믿음이나 종교가 필요한 것은 아닙니다. 파도는 믿음 없이도 자신이 물이라는 것을 알고 있지요. 지금 바로 이 순간, 파도는 이미 물이기 때문입니다.

신은 우리의 외부나 현실 밖에 존재하는 분이 아니라고 생각합니다. 신은 우리 안에 존재합니다. 신은 우리가 찾고자 애써야 하는 혹은 믿거나 불신해야 하는 외부적 실체가 아닙니다. 신, 열반, 궁극은 우리 안에 내재되어 있습니다. 따라서 우리는 매 순간 천국에 있는 것입니다. 문제는 우리가 그걸 느낄 수 있는지에 달려 있습니다. 마음 다함과 명상, 그리고 통찰력을 가진다면 열반과 우리의 우주적 몸, 천국에 닿는 것은 매 순간 매 걸음마다 가능해집니다.

· · ·

무원(無願) : 해탈의 세 번째 관문

무원에 집중한다는 것은 오직 현재의 순간 속에서 여러분이 원하는 모든 것을 발견할 수 있고 이미 여러분 스스로가 원하는 존재가 되어 있다는 사실에 도달하는 것을 의미합니다.

그렇다고 해서 무원, 즉 바라는 바가 없다는 것이 아무것도 하지 않음을 의미하는 건 아닙니다. 그저 우리 앞에 놓인 무언가를 쫓지 않음을 뜻하는 것이지요. 우리가 갈망하고 열망하는 목표를 지우는 순간, 우리는 지금 이 순간 안에서 행복과 자유를 찾을 수 있습니다.

우리는 부모와 선조로부터 눈앞의 목표를 쫓아가야 하는 습성을 물려받았습니다. 그래서 지금 이 순간에 만족하지 못하고, 결국 우리를 더욱 행복하게 만들어 줄 것이라고 믿는 목표를 쫓아가려고 애씁니다. 직장이나 학교에서 성공해야 한다는 욕망과 갈망이라는 목표를 위해서 우리의 삶을 희생하게 되지요. 그렇게 우리 인생의 꿈을 쫓아가다 보면 그 사이에 자신을 잃게 됩니다. 어쩌면 의식적이고 건강해지고 세상의 고뇌로부터 자유로워지고 깨달음을 얻기 위해 노력한 대가로 얻은 자유와 행복까지 잃게 될 수도 있습니다. 지금 이 순간이 아니라 먼 미래에만 천국과 궁극의 경지에 도달할 수 있다고 생각하기 때문에 지금 현재의 경이로움을 무시해 버리는 것입니다.

명상을 수행하는 것은 이러한 사실을 깊이 고찰하고 바라보는 시간을 가지는 것을 뜻합니다. 지금 이 순간 불안함이 느껴지고 어딘가 불편함이 느껴진다면 스스로에게 질문해 보세요.

"내가 찾고자 하는 것은 무엇인가?"

"내가 바라는 것은 무엇인가?"

"내가 기다리는 것은 무엇인가?"

• • •

멈춤의 미학

우리는 수천 년이 넘는 시간 동안 계속해서 달려왔습니다. 그래서 멈추는 것도 지금 현재의 삶을 숙고하는 것도 쉽지 않은 것입니다. 멈춤을 배운다는 것이 말로는 쉬울지 몰라도 사실상 많은 노력이 필요합니다.

어느 날인가 동이 틀 무렵에 산에 올라 명상을 하던 때가 떠오르는군요. 그 순간 저 자신이 산을 바라보고 있는 것뿐만 아니라 제 몸 안에 있는 선조들이 함께 산을 바라보고 있다는 확신을 느낄 수 있었습니다. 덕분에 붉은 새벽 기운이 산꼭대기로 넘어가는 아름다운 모습을 함께 감상할 수 있었지요. 당장 가야 할 곳도 해야 할 일도 없었습니다. 자유로움 그 자체였지요. 그저 자리에 앉아서 해가 뜨는 모습을 감상하기만 하면 됐으니까요. 아마도 우리 선조들은 그때까지도 편안하고 평온하게 자리에 앉아서 해가 뜨는 광경을 만끽할 수 있는 기회가 전혀 없었을 것입니다. 우리가 달리는 것을 멈추는 순간 선조들도 함께 멈추어 쉴 수 있습니다. 우리는 깨달음과 마음 다함의 에너지 속에서 선조들을 대신해 멈춤을 실현할 수 있게 되는 것이지요. 따라서 동떨어진 자아가 혼자 멈추는 것이 아니라 하나의 가계(家系)가 멈추는 것입니다.

멈춤을 실행하는 순간
행복과 평화가 찾아옵니다.

이렇게 멈춤을 실행하면 아무 일도 벌어지지 않는 것처럼 보일지 몰라도 실제로는 모든 일이 벌어지게 됩니다. 현재의 순간 속에서 굳건히 자리 잡을 수 있고 우주적 몸을 감지할 수 있게 되지요. 비로소 영원에 닿을 수 있는 것입니다. 그러면 불안함도 열망도 사라지게 됩니다.

마음 다함을 수련하는 플럼 빌리지와 기타 미국, 유럽, 그리고 아시아의 수련원에서도 종이 울리면 하던 일을 멈추는 수행을 합니다. 사찰의 커다란 종이든 식당에 걸린 벽시계든 교회의 종소리이든 전화기 벨소리이든 상관없이 종소리가 들리면 일단 하던 일을 멈추는 것이지요. 그저 하던 일을 멈추고 편한 자세로 호흡을 합니다. 우리 자신과 지금 순간으로 몸과 마음을 집중하는 것이지요. 대화를 하던 중이라면 대화를 멈춥니다. 걷던 중이라면 걸음을 멈추지요. 물건을 옮기던 중이라면 물건을 내려둡니다. 깊은 호흡과 함께 지금 이 순간 나의 몸에 집중하는 것입니다. 그렇게 편한 자세로 종소리에 귀를 기울이며 현재의 순간을 즐깁니다.

종소리를 들으면서 무한한 시간과 공간을 품고 있는 지금 이 순간과 나 자신의 깊은 관계 속으로 빠져들 수 있습니다. 과거도 미래도 지금 이 순간 우리와 함께 있습니다. 신과 열반, 우주적 몸도 만날 수 있지요. 따라서 지금 이 순간이 영원하고 충만한 순간으로 바뀝니다.

오직 이 순간만이 실제입니다.

미래에 어떤 목표를 이루겠다는 마음을 버리지 못한다면 현재를 잃게 됩니다. 현재를 잃는다는 것은 모든 것을 잃는 것과 다름없습니다. 자유와 평화, 즐거움은 물론 천국과 열반에 닿을 수 있는 기회마저 저버리게 되는 것이지요.

마태복음을 보면 들판에 숨겨진 보물을 발견하는 한 농부의 이야기가 등장합니다. 농부는 자신이 가진 모든 것을 팔아서 그 들판을 소유하려고 합니다. 그 보물들은 하나님의 나라에 속한 것으로 오직 그 순간에만 발견할 수 있는 것이지요. 아주 잠시만 깨달음의 시간을 가지면 여러분이 원하는 모든 것들이 여러분 자신과 주변에 있다는 사실을 느낄 수 있습니다. 그 사실을 깨닫기만 하면, 농부처럼 현재의 순간 속에서 진정한 평화와 행복 그리고 자유를 얻기 위해서 우리가 가진 모든 것을 쉽게 놓아 버릴 수 있게 됩니다. 그럴 만한 가치가 있습니다. 현재의 순간을 잃는다는 것은 삶을 마주할 수 있는 유일한 기회를 놓치는 것과 마찬가지니까요.

• • •

뜰 안의 편백나무

선불교에서 전해지는 이야기 중에서 스승의 가르침 속에 깊은 정수를 깨우치지 못한 제자가 끝없이 질문을 퍼부었다는 일화가 있습니다. 그러자 스승이 제자의 질문에 이렇게 답했습니다.

"혹시 이곳으로 오는 길에 뜰 안에 있는 편백나무를 보았느냐?"

아마도 그 제자는 마음 다함이 완전히 되지 않은 상태였던 것 같습니다. 스승이 말하고자 했던 바는 편백나무나 아름답게 핀 자두나무도 보지 못하고 여기까지 왔다면 스승님의 앞에 찾아와서도 제대로 스승을 볼 수 없다는 것을 알려주고 싶었던 것이겠지요.

우리는 한 그루의 편백나무라도 마음을 다해 살펴볼 기회를 놓쳐서는 안 됩니다. 매일 일상처럼 지나치는 생활 속에도 수많은 기적들이 가득하지만, 우리는 그것을 보지 못하고 살아갑니다. 여러분이 매일 출근하는 길에 마주치는 편백나무는 어떠한가요? 그런 사소한 것조차 놓치고 살면서 어떻게 사랑하는 이의 내면을 들여다볼 수 있겠습니까? 그런 상태로 어떻게 신을 만날 수 있을까요?

길가에 핀 나무 한 그루, 꽃 한 송이조차 천국에 속한 것입니다. 아름답게 핀 달리아 꽃도 천국에 속한 것이 아니면 무엇이겠습니까? 진정으로 신과 밀접한 관계를 맺고 그분의 뜻을 이해하고 싶다면 길가에 피어 있는 나무 한 그루에도 관심을 기울여야 합니다.

마음 다함은 우리로 하여금
현재 순간에 집중하도록 만들고
삶의 기적들을 보고 들을 수 있도록 해줍니다.
결국 마음 다함은
신의 목소리를 듣고 볼 수 있도록
이끌어 주는 것입니다.

21세기에 접어들면서 영적 위기가 찾아왔다는 것은 말 그대로 우리 스스로와 우리를 둘러싼 주변 세상 속에 신의 존재를 잘못 놓아두고 있다는 의미일 것입니다. 우주 밖으로 신을 분리해 내는 것이 가능할까요? 반대로 신에게서 우주를 분리해 내는 것은요?

우리는 기적이고 우리를 둘러싼 것들도 그러합니다. 우리 안에 신이 있고, 우주적 몸이 있으며 지금 이 순간 모든 것들이 제자리에 있습니다. 통찰력과 깨우침을 통해서 우리는 이미 행복과 만족 그리고 충만함을 느낄 수 있습니다.

• • •

지상 낙원

우리들 중 일부는 천국에 가는 것이 가장 큰 소망이라고 생각하고 있을지 모릅니다. 만약 불자라면 세상을 떠난 뒤에 '극락'으로 가고 싶겠지요. 지금의 삶이 뭔가 불만족스럽고 충분하지 않다고 생각하기 때문에 세상을 떠난 후에 가장 만족스럽고 또 깊은 경지에 도달하고 싶다는 생각을 하는 것입니다. 진정한 궁극에 도달하기 위해서는 육신을 내던져야 할 것 같은 기분을 느끼기 때문입니다. 그래서 시간이 지나면 더 행복하고 더 완벽하고 더 편한 어딘가에 도달할 수 있을 거라고 굳게 믿고 있지요.

하지만 진정한 행복을 느끼기 위해서 죽을 때까지 기다려야 한다면 너무나 늦습니다. 바로 지금 이 순간, 살아 있는 상태에서도 삶의 기적과 그 궁극의 것들을 오롯이 느낄 수 있습니다. 인류애의 정원에 피어 있는 또 다른 꽃과 같은 것이지요. 그래서 천국에 속해 있는 여러분의 몸을 극도의 존경심을 가지고 대해야 합니다. 지금 이 상태로도 여러분은 천국을 맛볼 수 있습니다.

의식적인 심호흡 한 번만으로도 푸른 하늘과 시원한 공기, 소나무 숲에 불어오는 바람, 시냇물이 졸졸 흘러내리는 소리를 느끼기에 충분합니다. 반드시 죽어야만 천국에 갈 수 있는 것은 아닙니다. 우리는 이미 천상에 살고 있기 때문입니다.

• • •

지금 모습 그대로, 아름다워지기

주변의 아름다움은 그런대로 느끼고 있지만, 여러분 스스로가 기적이라는 사실에는 의문이 들 수도 있습니다. 뭔가 부족하다고 느끼는 것이지요. 그 이유는 뭔가 다르고 특별한 것을 원하기 때문입니다. 마치 냄비가 자신에게 맞는 뚜껑을 찾기 위해 방황하는 것처럼 말입니다. 이는 나 스스로에 대한 자신감이 부족하고 평온함과 연민, 그리고 깨달음을 느낄 수 있는 능력에 대한 확신이 부족한 탓입니다.

우리는 거의 고통에 압도된 상태로 살아갑니다. 그래서 뭔가 부족하다는 느낌을 가지고 하루하루를 보내고 있지요. 이런 때일수록 스스로에게 질문을 던져 봐야 합니다.

"나에게 부족한 것이 무엇일까? 나는 무엇을 찾으려고 애쓰는가?"

무원을 수행한다는 것은 내가 무엇을 원하고 기다리고 쫓고 있는지 또 무엇을 놓아야 할지를 정확히 파악하는 것을 의미합니다.

지금 이 순간으로부터 우리를 끌어내고 있는 목표와 갈망들을 제거해 버리면, 지금 바로 여기에 우리가 원하는 모든 것들이 있다는 사실을 발견할 수 있을 것입니다. 행복하고 자유로워지기 위해서 반드시 '어떠한 사람'이나 '어떠한 것'이 필요치는 않기 때문입니다.

산비탈에 홀로 핀 꽃이나 숲속에 우뚝하게 솟은 나무를 보고, "너는 무엇을 찾고자 하느냐?"라고 묻는다면 뭐라고 대답하겠습니까? 충분한 마음 다함과 명상을 통해, 여러분은 그 대답을 가슴으로 들을 수 있을 것입니다.

> 우리 모두가 진정한 나를 찾기 위해 노력해야 합니다.
> 견고하고 신성하고 평온하고 사랑스럽고
> 또한 자비심으로 가득 찬 나 말입니다.
> 우리 스스로 진정한 자신을 찾을 수 있을 때
> 나 자신뿐만 아니라
> 주변 사람들까지도
> 나의 존재 하나로 행복해질 수 있습니다.

• • •
지금도 충분하다

9세기 중국 선불교의 유명한 스승인 의현(Lin-chi) 대사는 "인간과 부처는 둘이 아니다"라고 말했습니다. 그리고 "당신과 부처 사이에 아무런 차이가 없다!"고 주장했지요. 이 말의 의미는 여러분이 지금 그 자체로 충분하다는 뜻입니다. 부처가 되기 위해 또 부처의 몸을 단련하기 위해서 특별하게 해야 할 것이 없다는 의미인 것이지요. 그저 단순하고 진실한 삶을 살면 됩니다. 우리의 진짜 나, 진정한 나는 특별한 직업이나 위치를 필요로 하지 않기 때문입니다. 우리의 진짜 자아는 돈이나 명예, 혹은 지위에 연연하지 않습니다. 아무 것도 할 필요가 없다는 것입니다. 지금 이 순간을 진실하고 진지하게 살기만 하면 됩니다. 먹을 때는 그저 먹는 것에 집중하고 설거지를 할 때는 설거지에만 집중합니다. 욕실에서 몸을 씻을 때에도 그자체에 집중하고 걸을 때에는 걸음에 집중합니다. 앉아 있을 때에도 그 순간에 집중하세요. 이러한 모든 행동을 한다는 것 자체가 기적이며, 진정한 삶의 지혜는 자유롭게 행동할 수 있다는 것에 있습니다.

자유는 연습이고 습관입니다.
우리는 자유롭게 걷고 자유롭게 앉고
자유롭게 먹는 법을 연습해야 합니다.
여러분 스스로 어떤 식으로 삶을 살아갈지
계속해서 단련하는 것이 중요합니다.

부처님 역시 먹고 걷고 또 화장실에도 갔습니다. 하지만 어떤 일을 함에 있어서 절대 서두르지 않고 자유롭게 행동했습니다. 우리도 그와 같이 행동할 수 있을까요? 우리에게 주어진 시간을 우리 자신만을 위해서 사용할 수 있을까요? 지금도 뭔가 다른 목적을 가지고 더 많은 것을 얻고자 노력하고 있다면, 아직 무원에 닿지 못한 것입니다. 그로부터 자유롭지 못하다면 진정한 나를 얻지 못한 것이지요. 우리의 진정한 나는 우리 안에 있고 그 사실을 깨닫는 순간 자유로운 인간이 될 수 있습니다. 우리는 시작이 없는 시간부터 자유로웠습니다. 이제는 그 사실을 제대로 깨닫기만 하면 됩니다.

언젠가 인도 중앙부의 마하라슈트라(Maharashtra) 주에 있는 아잔타(Ajanta) 석굴을 방문할 기회가 있었습니다. 말 그대로 산의 바위를 깎아서 만든 곳이었지요. 석굴 안에는 승려들의 발우(공양 시 사용하는 그릇)와 승가리(승려의 법의)를 넣는 구멍까지 만들어진 거처가 마련되어 있었습니다. 석굴을 방문하던 날 유난히 날씨가 더워서 석굴 안에 조용히 앉아 시원한 공기를 마음껏 즐길 수 있었습니다.

아잔타 석굴을 만들기 위해 외부에서 들인 물건들은 하나도 없었습니다. 그저 석굴을 파서 사원으로 만든 것이지요. 바위를 더 많이 파낼수록 석굴의 크기는 더욱 커졌을 겁니다. 진짜 나를 발견한다는 것은 그와 같습니다. 우리가 외부에서 찾으려는 모든 것들은 이미 우리 안에 존재하고 있습니다. 자애심과 이해심, 자비심 모두 우리 안에 있지요. 이러한 것들을 발견하기 위해서는 그저 앞을 가로

막고 있는 바위들을 걷어내기만 하면 됩니다. 흔히 외부에서 찾으려고 애를 쓰지만 그곳에 신성함의 정수란 존재하지 않습니다. 그리고 반드시 없애야 한다고 믿는 진정함의 정수도 존재하지 않습니다. 우리는 이미 우리가 원하는 존재이기 때문입니다. 비록 가장 어려운 순간 속에 있더라도, 우리와 우리 주변에 선하고 진실하고 아름다운 것들이 존재하고 있습니다. 그런 식으로 삶을 살아가기만 하면 자연스럽게 진리를 발견할 수 있게 됩니다.

• • •

일 없는 삶

의현 대사는 제자들에게 '일 없는 삶'을 살라고 설법했습니다. 항상 일에 쫓기며 바쁘게 살기보다는 일로부터 자유로워질 것을 권한 것이지요. 만약 일 없는 삶을 살 수 있다면, 우리 욕망과 계획, 프로젝트에 휘둘리지 않을 수 있다면, 일상 속에서도 무원의 기운에 한 걸음 더 가까이 갈 수 있게 될 겁니다. 그렇다면 칭찬을 받거나 지위를 얻기 위해 애쓰지 않고, 역할에 얽매여 살지 않아도 되겠지요. 어디에 있든 우리 스스로 자주적인 존재가 될 수 있습니다. 주변 환경에 휘둘리지도 않을 테고 더 이상 다수의 의견에 맞추어 휩쓸리거나 등 떠밀리지 않아도 됩니다.

무슨 일을 하더라도
자유와 평온 속에서 그 일을 해야 합니다.

의현 대사는 모든 존재를 구제하기 위해 희생하고 깨달음을 얻은 나한(羅漢, arhat, 산스크리트어를 음역한 아라한의 약칭)이나 보살(菩薩, Bodhisattva, 원래 깨달음을 얻기 전의 석가모니를 가리키는 말이었으나, 대승불교의 흥기와 함께 자신의 깨달음을 추구하면서 다른 중생을 구제하는 존재를 가리키게 되었다)이 되는 것이 이상적인 삶이 아니라 그저 일 없는 사람이 되는 것이 이상적이라고 말했습니다. 일에 쫓기지 않고 살다 보면, 누구나 공과 무상, 무원의 깨달음을 얻게 될 테니 말입니다. 그러면 '자아'라는 개념에 얽매이지 않고, 유명세나 지위 같은 특정한 상(相)을 필요로 하지 않고 현재의 순간에서 자유롭게 행복해질 수 있습니다.

일 없이 산다는 것은 일상 속에서 궁극의 경지를 맛보며 살아가는 것을 의미합니다. 그러한 궁극의 경지에서는 해야 할 일이 아무것도 없습니다. 이미 우리는 우리가 원하고 바라는 존재이니까요. 극도로 평온하고 편한 상태인 것이지요.

더는 바쁘게 뛰어다닐 필요도 없습니다. 모든 근심과 걱정으로부터 자유롭고 행복합니다. 바로 이러한 존재의 방식이 세상을 살아가는 데 가장 필요한 것입니다. 궁극의 경지에 머문다는 것은 매우 즐거운 일이기 때문에 여러분도 반드시 그러한 삶의 방식을 익혀 두시는 것이 좋습니다.

물론 이런 질문을 던질 수도 있겠지요.

"현재 순간에 만족해서 아무 곳도 가지 않고 아무 일도 하지 않으면, 다른 사람들은 어떻게 구제할 수 있나요? 고뇌의 바다에서 허우적대는 사람들은 누가 구해야 합니까? 무원의 자세를 가지고 살다 보면 이 세상의 고통받는 사람들에게 무관심해지지 않을까요? 만약 자유롭고 행복하게 사는 것이 최선이라면 그러한 감정에 빠져서 다른 사람들을 돕기 위해 도전하고 어려움을 감내하는 것조차 회피하게 되지 않겠습니까?"

부처님은 아무것도 바라지도 욕심내지도 갈구하지 않았지만 그럼에도 모든 존재를 자유롭게 만들기 위한 행보를 멈추지 않았습니다. 45년여 동안 생존해 있으면서 고뇌에 빠진 인간들을 구원했고, 심지어 마지막 순간까지도 멈추지 않았지요. 무원이 자비심이나 자애심을 배제하라는 의미는 아닙니다. 자비심과 자애심, 그리고 이해심을 가지는 순간, 우리는 자연스럽게 남을 돕기 위한 강한 동기를 느끼게 됩니다.

가장 중요한 것은 세상의 고통받는 상황 속에서도 더욱 고양된 존재의 질을 가져와야 한다는 점입니다. 만약 다른 사람과 똑같이 고통받으며 살고 있다면, 어떻게 다른 사람의 고통을 덜어 줄 수 있겠습니까?

만약 의사가 다른 환자들처럼 병들어 죽어가고 있다면 어떻게 다른 사람을 치유할 수 있을까요? 평화와 기쁨, 자비심과 자유로움의 에너지가 반드시 필요합니다. 우리는 이런 삶의 방식을 더욱 풍부히 만들고 지켜 나가야 합니다. 이러한 이유로 무엇을 하든 영적인 면이 반드시 필요한 것입니다.

> 우리의 일과 삶 속에서 영적인 면을 가지게 되면
> 나 스스로를 바로 세우고 돌보며
> 에너지가 소진되지 않도록 지켜낼 수 있습니다.

1973년도 무렵에 『틱낫한의 명상』이라는 책을 집필한 바 있습니다. 베트남에 있는 '사회 봉사를 위한 청년 학교'에서 수련하는 수천 명의 젊은 사회봉사자들을 위한 일종의 안내서였지요. 그 책을 집필한 의도는 봉사자들을 수련시켜 건강한 모습으로 자비심을 가지고 더욱 일에 집중하도록 하기 위함이었습니다. 그래야 자신이 깨달은 바를 더욱 풍부히 하고 즐겁고 평온한 마음으로 사회봉사를 계속해 나갈 수 있을 테니까요.

굳이 일에 얽매이지 않고도 자유로운 인간으로서 일하고 봉사하며 참여하는 것은 충분히 가능합니다. 미래의 목표를 성취하기 위해 치열하게 산다는 핑계로 현재의 순간을 놓치지 않고, 일을 하면서도 매 순간을 충실히 살아갈 수 있지요. 바로 이것이 무원의 진정한 의미입니다. 평화, 자유, 자비심 그리고 자애심을 키워갈 때 이미 우리는 주변 사람들의 고통을 조금씩 덜어주고 있는 것입니다.

우리는 수동적인 인간이 아닙니다. 수동적인 인간은 남의 의견에 휘둘리고 떠밀리고, 주변 환경이나 사람들에게 좌우되기 마련입니다. 하지만 자유와 독립심을 가진다면 주변 환경의 희생자가 되지 않을 수 있습니다. 자비심과 통찰력을 가지게 되면 스스로에게 이렇게 질문할 수 있을 것입니다.

"지금 상황에서 더 악화되지 않도록 하려면 내가 무엇을 해야 할까? 어떻게 하면 이 상황을 호전시킬 수 있을까?"

고통을 완화시키는 과정에서 최선을 다한다는 것을 스스로 깨달을 수 있을 때, 아무리 힘든 과정이라고 해도 평온한 마음으로 한 걸음씩 나아갈 수 있습니다.

• • •

존재와 행위

'틱낫한(Nhat Hanh, 一行)'이라는 이름은 '하나의 행동'을 의미합니다. 지금까지 아주 오랜 시간 동안, 대체 '행동'이라는 것이 무슨 의미인지 깨닫기 위해 노력했습니다. 그리고 한참 후에야 그 '행동'이나 스스로 평온해지고 다른 이들에게 평온을 가져다주는 것이라는 점을 깨닫게 되었습니다.

우리는 존재의 측면이 아닌 행위의 측면에서 생각하려는 경향이 있습니다. 아무것도 하지 않으면 시간을 낭비하고 있다고 여기는 것이지요. 하지만 그건 사실이 아닙니다. 우리의 시간은 무엇보다 우리를 존재하도록 만드는 것입니다. 이는 우리를 살아 있게 하고 평온하고 즐거우며 사랑할 수 있도록 해줍니다. 바로 이러한 것이 지금 세상에 가장 필요한 것이지요. 우리 스스로 존재의 방식을 배우고 이를 바탕으로 행위를 해나가야 합니다.

우리 존재의 질이
우리 행위의 질을 결정합니다.

"앉아만 있지 말고 뭐든 행동을 하라!"고 너도나도 울부짖던 시절이 있었습니다. 우리 주변에서 부당함과 폭력, 그리고 고통받는 이들을 보면서 뭔가 돕고 싶은 마음에서였습니다. 1950년대에서 60년대까지, 젊은 수도승이었던 저는 친구들, 제자들과 힘을 합쳐서 그 시대에 고통받던 수많은 이들에게 응답하기 위해 풀뿌리 불교라는 것을 만들려고 무던히 애를 썼습니다. 독송과 참배만으로 갈등과 분열 그리고 전쟁이라는 절망적인 상황에 빠져 있던 나라를 구할 수 없다는 것을 잘 알고 있었기 때문입니다.

우리는 불교 주간지를 출판하여 전국 단위로 대대적으로 배포했고 사회봉사를 위한 청년학교를 세워 전쟁으로 폐허가 된 마을들을 구호하고 재건하기 위해 나섰습니다. 또한 사이공에 반 한(Van Hanh) 대학을 설립하여 젊은 세대를 위한 현대식 교육에 앞장섰습니다. 이러한 과정 속에서 우리는 우리 행동의 질이 우리 존재의 질에 달려 있다는 사실을 깨닫게 되었습니다. 그래서 매주 대나무 숲 수도원 근처에 모여서 하루 종일 마음 다함 수련을 하는 시간을 가지기로 했습니다. 그곳에서 우리는 앉기 명상, 걷기 명상, 그리고 먹기 명상을 함께했고, 그곳에 모인 이들에게 닥친 고난과 기쁨을 듣고 서로 나누는 시간을 가지게 되었습니다. 그렇게 우리 형제자매들은 서로의 에너지를 통해 행복하고 멋진 수행원을 만들어 갈 수 있었습니다.

이제는 "앉아만 있지 말고 뭐든 행동을 하라!"는 말 대신 "아무 행동이나 하지 말고 그냥 앉아 있으라!"고 말할 수 있을 겁니다. 하던 일을 멈추고 가만히 앉아 마음 다함의 수련을 하는 것은 완전히 새로운 존재의 차원에 이를 수 있도록 해줍니다. 이를 통해 분노와 불안을 잠재우고 평온과 이해심, 자비심의 에너지를 고양시켜 행위의 기반으로 삼을 수도 있을 것입니다. 지혜와 자비심, 포괄성과 대담함, 인내심과 그 누구도 폄하하지 않는 비차별주의의 에너지는 깨달음을 실현한 존재라면 누구나 갖춰야 할 자질입니다. 이러한 에너지를 고양시키는 것은 우리를 궁극적 차원에서 역사적 차원으로 한 단계 올라설 수 있도록 도와주며, 이를 통해 즐겁고 편안하게 두려움과 스트레스, 절망 없는 행위의 삶을 일궈나갈 수 있도록 해줍니다. 그렇게 되면 평화와 기쁨의 상황 속에서 모든 일을 능동적으로 해나갈 수 있게 되겠지요. 바로 이러한 행동이 우리에게 가장 필요한 것입니다. 이것이 가능해질 때, 우리가 하는 일이 우리 자신과 다른 사람들에게 커다란 도움이 됩니다.

행동과 비(非)행동

때로는 아무것도 하지 않는 것이 우리가 할 수 있는 최상의 행동일 때가 있습니다. 비행동은 이미 '어떠한 것'이기 때문입니다. 별로 하는 일이 없어 보이는데도 그 존재만으로 세상의 웰빙에 결정적인 역할을 하는 사람들처럼 말입니다. 여러분의 가족 중에서도 돈을 많이 버는 것도 아니고 뭔가 크게 움직이지 않는데도 그 존재 하나가 사라짐으로 해서 행복과 안정감이 급격히 낮아지는 경우가 있을 겁니다. 바로 그런 사람들을 행동하지 않음, 즉 비행동을 통해서 자신의 존재의 질을 고양시키는 경우라고 볼 수 있습니다.

절망에 빠진 난민들이 보트 하나에 몸을 싣고 거대한 바다를 건너는 모습을 상상해 보세요. 행여 폭풍우에 휩쓸리게 되는 날에는 모든 사람들이 겁에 질리겠지요. 다들 허둥지둥하다 보면 잘못된 행동 때문에 보트가 전복될 확률이 높아질 겁니다. 하지만 그중에서 한 사람만이라도 차분함을 유지할 수 있다면, 극도로 흥분한 사람들을 진정시키는 데 도움이 될 겁니다. 그렇게 평온의 경지에서 다른 사람들에게 조용히 자리에 앉으라고 말할 수 있다면 그 보트는 전복되지 않을 것입니다. 사실 그 사람은 아무것도 한 일이 없습니다. 그저 그 사람의 존재와 차분함이 잘못된 일을 바로잡은 것뿐이니까요. 바로 그러한 것이 비행동의 행동입니다.

하나의 사회 속에서도 우리는 언제나 다양한 어려움과 맞닥뜨리게 됩니다. 그런데 뭔가 하면 할수록 사태가 더욱 악화되는 것처럼 보일 때가 있습니다. 그럴 때일수록 우리는 우리 행동의 근원, 즉 존재의 질을 주시해야만 합니다.

플럼 빌리지에는 이스라엘과 팔레스타인에서 온 난민들을 위한 구호 시설이 마련되어 있습니다. 아마도 그들은 중동에서 살아남기 위해 매일 투쟁하며 살았겠지요. 항상 뭔가를 해야만 했을 테고 쉴 수 있는 여유가 없었을 겁니다. 하지만 플럼 빌리지에 오고 난 후, 우리는 난민들이 평화로운 환경 속에서 쉴 수 있도록 했고 하던 일을 멈추고 그저 조용히 앉아 있을 수 있도록 도와주었습니다. 진정한 자신을 만날 수 있도록 한 것이죠. 그렇게 우리와 함께 앉고 걷고 식사를 했습니다. 충분한 휴식을 취하는 수행을 한 것이지요. 별다른 특별한 행동을 하지 않은 것만으로도 그들 입장에서는 이미 대단한 혁명이었나 봅니다. 그렇게 며칠을 쉬었을 뿐인데도, 난민들은 훨씬 평온해졌습니다. 마음의 여유가 생겼고 가만히 앉아서 다른 사람의 이야기를 듣고, 자비심을 가지고 고통을 나눌 수 있게 된 것이지요. 이러한 과정을 겪은 수많은 젊은이들이 입을 모아서 말했습니다. 중동에서 이토록 평화로운 삶이 가능할 것이라는 생각이 든 것은 태어나서 처음이었다고 말입니다.

만약 평화 회의나 환경에 대한 회의를 주관해야 한다면 바로 이러한 방식을 통해야 합니다. 각국의 지도자들이 함께 모여서 책상에 둘러 앉아 국제적인 문제의 해결책을 결정하는 것에 그치는 것이 아니라 서로 친구가 되어 함께 시간을 보내고 인간적인 관계를 구축해 가야 하는 것이지요. 서로의 고충과 어려움에 진심으로 귀기울이고 서로의 통찰력과 아이디어를 다정한 언어로 공유할 수 있게 된다면, 그 어떠한 화해도 가능해질 테니까요. 일단 서로를 이해할 수 있게 되면 두려움과 분노를 버리고 화합하는 것은 얼마든지 가능합니다.

진정한 소통은
평화를 위한 가장 기본적인 수행입니다.

이렇게 체계적인 준비를 통해야만 회의 기간 동안 다함께 평화롭게 살며 생각하고 행동할 수 있는 충분한 시간을 가질 수 있고, 나아가 모든 국가에게 필요한 통찰력을 얻는 데 한 걸음 다가설 수 있을 것입니다. 평화는 다가올 미래에 얻고자 소망하는 대상이 아닙니다. 평화는 지금 이 순간 우리가 누려야 하는 것입니다. 평화를 얻고자 한다면 우리 스스로가 평온해져야 합니다. 평화는 희망이 아닌 수행입니다. 우리 지도자들은 너무 바빠서 이런 식으로 한가롭게 12주를 보내는 것이 불가능한 일이라고 말할 수도 있습니다. 하지만 전쟁과 폭력은 우리로 하여금 엄청난 재산 손실과 인명 피해를 가져옵니다. 때문에 정치적 지도자들은 영적 지도자들과 함께 국제적인 문제에 대해 허심탄회하게 토론하고 도움을 구해야 합니다. 서로 긴밀히 협력해 나가야 한다는 뜻이지요. 진정한 평화는 평화의 수행을 통해서만 가능하고, 따라서 영적인 경지의 도움을 필요로 하기 때문입니다.

● ● ●

여러분의 꿈은 무엇입니까?

언젠가 네덜란드에서 온 기자로부터 이런 질문을 받았습니다.

"죽기 전에 꼭 남기고 싶은 것이 있습니까?"

하지만 저는 대답할 수 없었습니다. 그 기자는 저의 가르침에 대해 전혀 알지 못하는 사람이었으니까요. 그래서 기자의 얼굴을 보며 환하게 웃는 것으로 대답을 대신할 수밖에 없었습니다.

사실 저는 죽기 전에 꼭 남기고 싶은 것이 없습니다. 왜냐하면 육신이 다한다고 해서 정말로 죽는 것이 아니라는 생각을 가지고 살아가기 때문입니다. 진정 하고자 하는 일도 이미 오래전부터 하고 있습니다. 물론 궁극적인 경지에서 보면 더 이상 해야 할 일이 없다고도 할 수 있겠지요.

서른 살의 승려였던 저는 베트남 전쟁이 벌어지던 당시 다음과 같은 구절로 시작하는 시를 썼습니다.

"사랑하는 여러분, 나라를 재건하는 일은 수천 년의 세월을 필요로 하는 일이겠지만, 이는 이미 수천 년 전부터 이뤄져 내려오고 있었습니다."

궁극적인 차원에서 보자면, 우리가 할 수 있는 일은 없을 겁니다. 무원을 수행한다는 것이 꿈을 꾸지 않는다거나 깨달음을 위해 노력하지 않음을 의미하는 건 아닙니다. 단지 현재 순간 속에서 영적인 차원에 닿을 수 있도록 노력하고, 이를 통해 즐거움과 자유로움 그리고 평온함 속에서 우리의 꿈을 깨달을 수 있다는 것입니다.

우리 모두가 평생 동안 가슴속에 품고 살아온 꿈을 하나씩은 가지고 있습니다. 그게 무엇인지 깨닫지 못했을 뿐, 여러분의 마음속에 항상 이루고 싶은 것들이 하나쯤은 있을 겁니다. 일시적인 소망이 아니라, 어릴 때부터 여러분의 마음속에서 무럭무럭 자라온 원대한 소망 말입니다. 바로 그것이 여러분의 꿈이고 궁극적인 관심사가 됩니다. 바로 이러한 깊은 꿈을 깨닫고 이를 풍요롭게 만들 때, 그것은 엄청난 행복과 에너지, 그리고 동기 부여의 근원이 됩니다. 그러면 어떻게 해야 그 꿈을 이룰 수 있을지에 대한 방향을 제시해줄 뿐만 아니라 이를 이루기 위한 열정까지도 얻을 수 있겠지요. 바로 그런 꿈이 어려운 순간에도 여러분을 지탱하는 힘이 되어줍니다.

꿈은 우리에게 활력을 불어넣어 주고
삶의 의미를 찾을 수 있도록 해줍니다.

누구나 꿈이 있습니다. 그저 가만히 앉아 마음속을 깊이 들여다보고, 마음이 하는 소리에 귀 기울이면 여러분의 깊은 열망이 바라는 꿈이 무엇인지 깨달을 수 있게 됩니다. 엄청난 부자가 되거나 권력을 얻거나 유명세 혹은 성적인 충족을 얻는 것이 여러분의 꿈인가요? 아니면 다른 꿈이 있나요? 여러분의 삶 속에서 정말로 이루고자 하는 것은 무엇입니까? 너무 늙어서 이런 질문을 던지기에 늦어버릴 때까지 참고 기다리면 안 됩니다. 일단 자신의 꿈이 무엇인지 깨닫고 나면 진정한 나의 모습을 찾을 기회를 얻은 셈입니다. 그때부터는 여러분이 진정 원하는 삶, 여러분이 진짜 되고 싶은 사람이 되기 위한 삶을 살아 나가면 됩니다.

• • •
서로의 꿈을 공유하기

누군가와 진지한 관계를 맺게 되었다면 그 사람이 바라는 꿈이 무엇인지에 대해서 알아볼 필요가 있습니다. 일생을 살아가면서 꼭 이루고자 하는 바가 무엇인지 직접 물어보면 됩니다. 이것은 결혼 후가 아닌 결혼 전에 반드시 알아봐야 하는 부분입니다.

만약 결혼 후에 서로 다른 이상을 추구한다는 것을 알게 된다면 상대방을 제대로 이해할 수 없게 될 겁니다. 그래서 차분히 자리에 앉아서 상대와 이런 질문을 주고받을 시간을 가지는 것이 중요합니다.

상대방을 진심으로 사랑한다면 상대의 마음을 이해해야 하고 또한 자신을 이해할 수 있도록 노력해야 합니다. 서로 다른 꿈을 꾸면서 한 침대를 공유한다는 것은 엄청난 비극이기 때문입니다. 이렇게 상대방과 자신의 꿈을 공유하고 대화를 나누는 것은 심도 깊은 소통과 협력을 가능케 하고 나아가 서로 같은 길을 향해 갈 수 있도록 해 줍니다.

이런 질문은 부모님에게도 건네어 볼 수 있습니다.

"젊었을 때 꼭 이루고 싶은 꿈이 있었나요? 그 꿈이 뭔가요?"

이런 질문을 주고받다 보면, 부모님과의 관계도 더욱 깊어지고 끈끈해질 수 있습니다. 그 과정 속에서 여러분의 부모님이 어떤 사람인지도 깨달을 수 있게 되겠지요. 그렇게 꿈을 공유하다 보면 자연스럽게 마음을 열게 되고 부모님이 아니라 친한 친구처럼 가까이 느껴질 겁니다. 만약 부모님이 아직까지도 자신의 꿈이 무엇인지 제대로 깨닫지 못하셨다면, 여러분이 그 꿈을 찾을 수 있도록 도와줄 수도 있습니다. 여러분은 부모님의 연속이기 때문입니다.

여러분의 몸과 감정, 고통을 자세히 들여다보면 부모님의 몸과 고통 그리고 그분들의 희망과 꿈이 무엇인지 깨달을 수 있습니다. 만약 부모님이 일찍 세상을 떠나셨다면 이런 질문을 마음속으로 던져 보고 대답을 기다려 볼 수도 있습니다. 왜냐하면 여러분은 부모님의 연속체이고 지금도 부모님은 여러분의 세포 하나하나 속에 살아 계시기 때문입니다.

이는 여러분의 영적인 선조들과도 마찬가지입니다. 비록 직접 만나지는 못했지만 여러분은 그들이 준 가르침을 새기고 이를 수행에 옮기며 살아가고 있기 때문에 여러분의 몸속에 스승이 살아 있는 것이나 다름없습니다. 따라서 마음 다함과 함께 걸음을 옮길 때마다. 빵 한 조각을 자를 때마다 그분들의 존재는 여러분 속에 함께하고 있습니다.

· · ·
복종

제자 하나가 물었습니다. "신의 뜻에 복종한다"는 말에 대해 어떻게 생각하느냐는 것이었지요. 제가 생각하는 신의 뜻이란 다름 아닌 우리 모두가 최선을 다하며 살아야 한다는 것입니다. 매 순간 살아 있어야 하고 삶의 기적을 만끽해야 하며 그와 동시에 다른 사람에게 도움을 아끼지 말아야 합니다. 바로 그것이 신의 뜻이기 때문입니다.

이는 또한 자연의 섭리이기도 합니다. 대지는 언제나 아름답고 신선함을 유지하기 위해 노력하고 언제나 용서하고 수용하는 모습을 보입니다. 신의 뜻을 그대로 실행에 옮기고 있는 셈이지요. 그리고 우리 역시 대지의 자녀들이기 때문에 그로부터 배워야 합니다. 자연으로부터 참을성과 인내심을 본받아야겠지요. 그런 방법을 통해서 우리의 신선함과 아름다움 그리고 자비심을 지키고 고양시켜야 합니다.

이처럼 행복을 고양시키고 고통을 변화시키고 주변 사람들의 고통을 완화하려는 좋은 의도를 가지고 살아간다면, 나아가 현실에 완전히 충실하고 우리에게 주어진 삶을 최대한 열심히 살려고 노력한다면 바로 그것이 신의 뜻에 복종하는 것입니다. 신에게 복종한다는 것은 수동적인 굴복과는 거리가 멉니다. 평화롭고 행복하게 활력이 가득한 연민으로 삶을 살아간다는 뜻이니까요. 이는 신의 뜻일 뿐만 아니라 우리 자신의 뜻이기도 합니다. 따라서 능동적으로 그 뜻에 복종하는 사람과 신의 뜻에 수동적으로 복종하는 사람을 별개의 독립체로 구분할 수는 없는 일입니다. 어느 쪽이라도 그 궁극의 뜻이 바로 여기 우리와 함께 있기 때문이지요.

• • •
여러분의 꿈은 지금부터입니다

우리는 진정한 꿈을 깨닫기 위한 어떤 수단과 길이 존재하고 있을 거라고 생각하는 경향이 있습니다. 그 길을 끝까지 가야만 우리의 꿈이 무엇인지 깨닫게 된다고 믿고 있지요.

하지만 불교의 정신에 따르면, 여러분은 어떠한 꿈이나 의도, 혹은 이상을 가지는 순간부터 그에 따라서 살아가야 한다고 믿습니다. 그러니까 여러분의 꿈은 지금 이 순간에 곧바로 깨우칠 수 있는 것이지요. 그런 식으로 꿈을 향해서 매 순간 올바른 길을 걷고 호흡하다 보면 나의 꿈에 닿을 수 있다는 뜻입니다. 꿈은 여러분을 현실에서 멀리 분리되도록 만드는 것이 아니라 오히려 현재 순간 속에서 실제가 되는 것입니다.

> *매 순간 우리의 꿈이 뭘지 깨닫기 위해서 살아간다면*
> *그 결과와 수단 사이에는 아무런 차이가 없습니다.*

예를 들어 여러분이 자유와 깨달음, 그리고 행복을 꿈꾸고 있다고 가정해 보겠습니다. 그렇다면 여러분은 일상생활 속에서도 생각과 단어 그리고 행위까지 그러한 자유와 깨달음 행복을 발견하기 위해서 살아가게 될 것입니다. 여러분의 꿈을 이루기 위해서 굳이 삶의 마지막 순간까지 기다려야 할 필요가 없겠지요. 만약 자유를 위해 한 걸음 내딛었다면 이미 자유는 여러분 곁에 있습니다. 그때부터 자유와 깨달음, 그리고 행복은 여러분의 걸음걸음마다 가능해지는 것입니다. 행복으로 가는 길이란 존재하지 않습니다. 행복은 이미 그 길에 존재하고 있기 때문입니다.

· · ·

여러분의 목적지는 한 걸음마다 존재합니다

오래전, 저는 수도승들 그리고 친구들과 함께 중국의 오대산(五

台山, Wutaishan, 중국 산시성 북동부에 있는 불교의 영산)에 방문한 적이 있습니다. 그곳은 불자들의 성지로 수많은 순례자들과 여행객들에게 잘 알려져 있으며, 지혜와 깨달음의 상징으로 알려진 문수보살(文殊菩薩, Manjushri)이 기거했던 곳으로도 유명한 곳입니다. 정상에 오르기까지 천 개가 넘는 계단을 올라가야 하지만, 우리 목표는 정상에 오르는 것이 아니었습니다. 우리의 목표는 계단을 한 걸음 한 걸음 옮길 때마다 평화와 즐거움을 얻는 것이었습니다.

당시 정상을 향해 한 걸음 한 걸음을 옮기던 때가 생생히 떠오릅니다. 계단 위로 한 걸음을 내딛을 때 숨을 마시고, 다음 계단으로 오를 때는 숨을 내쉬었지요. 우리를 한참 앞서간 사람들은 연신 헉헉대며 가쁜 숨을 내쉬었고, 계속해서 뒤를 돌아보며 누가 뒤처져 있는지를 확인하려 애썼습니다. 하지만 우리 일행은 계단 하나하나를 즐거운 마음으로 올라갔습니다. 그리고 때때로 계단에 멈추어 서서 저 멀리 보이는 풍경을 감상하기도 했습니다. 그렇게 정상에 도착했는데 하나도 피로하지 않더군요. 오히려 에너지로 가득 차 있었고 계단을 오르면서 온몸이 개운하고 충만해진 상태가 되었습니다.

인류가 처음 걷고 달리는 능력을 개발했을 당시에는 사냥감을 쫓거나 적으로부터 도망치기 위한 수단을 위한 것이었습니다. 때문에 쫓고 도망치는 에너지는 우리 몸속의 모든 세포들에 깊게 새겨진 하나의 능력과도 같은 것이지요. 하지만 오늘날에는 사냥을 할 필요도 싸우거나 위험으로부터 도망쳐야 할 필요도 거의 없습니다. 그런데도 우리 몸속에는 타고난 에너지가 숨겨져 있습니다.

　인류는 호모 에렉투스에서 호모 사피엔스를 거쳐, 이제는 호모 컨시어스로발전하는 경지까지 이르렀습니다. 호모 컨시어스(Homo conscius, 라틴어는 접두사 cum(함께)과 scire(알다)가 합성된 conscius를 어원으로 하며, 어떤 행위나 사고 또는 감정에 대한 앎)란 의식적이고 깨달음의 경지에 이른 종을 의미하는 것입니다. 이러한 호모 콘시어스들은 자유로움 속에서 걷는 법을 배우게 될 것입니다. 평화와 자유 속에서 걸음을 옮긴다는 것은 궁극적인 차원에서 역사적인 차원으로 이동하는 경이로운 방식이 되겠지요. 또한 예전처럼 달리지 않는 법을 수행하는 과정이기도 합니다.

● ● ●

수행법 : 걷기의 미학

　의식적인 걷기는 복잡한 도시의 한적한 공원, 출근할 때나 쇼핑할 때, 공항이나 강가에서 등 어디에서나 쉽게 수행할 수 있습니다. 걷기 수행을 하고 있다는 사실을 굳이 남들에게 알릴 필요도 없습니다. 그저 편안한 마음으로 자연스럽게 걷기만 하면 되니까요. 처음에는 주차장에서 사무실 혹은 집에서 버스 정류장까지, 짧은 거리를 선택하는 것이 좋겠지요. 걷기 수행을 완벽히 익히는 데는 그리 오랜 시간이 걸리지 않습니다. 하지만 그 효과는 즉각적으로 느낄 수 있습니다. 한 걸음을 옮기는 것만으로도 평화와 자유를 느낄 수 있으니까요.

걷기 명상은 의식적 호흡과도 밀접하게 연관되어 있습니다. 그저 걸음을 옮길 때마다 호흡을 가다듬으면 됩니다. 몸에 긴장을 풀고 과거와 미래에 대한 고민을 떨쳐 버리세요. 그리고 최대한 현재에 집중하려고 노력하면 됩니다. 발바닥 아래 느껴지는 감촉에 집중하세요. 숨을 들이쉬는 동안, 몇 걸음을 옮겼는지 머릿속으로 헤아려봅니다. 숨을 내쉴 때에도, 그 사이에 몇 걸음을 옮겼는지 헤아려보세요. 그렇게 호흡이 익숙해지면, 숨을 내쉬고 마실 때에 몇 걸음을 옮기는지에 집중합니다. 그런 식으로 연습하다 보면, 호흡과 걸음 사이의 일정한 리듬과 조화를 느낄 수 있게 됩니다. 마치 음악처럼 말이지요.

> 우리의 호흡에 100% 집중하다 보면
> 스스로 자유로워질 수 있습니다.
> 단 몇 초 만에 과거의 관습에서
> 완전히 자유로운 사람이 될 수 있습니다.

이런 식으로 마음 다함 걷기를 하면, 여러분의 마음과 몸이 함께 움직이게 됩니다. 그렇게 한 걸음걸음마다 현재의 순간에 몸과 마음이 함께하게 되는 것이지요.

"나는 이곳에 존재한다. 나는 정말로 이곳에 존재한다."

아주 천천히 걷는 연습을 해 보는 것도 좋습니다. 주변에 사람들이 없다면, 최대한 느린 걸음으로 걸어 보세요. 숨을 마시면서 딱 한 걸음만 내딛는 겁니다. 반대로 숨을 내쉴 때에도 딱 한 걸음만 내딛어 보세요.

숨을 마시면서 이렇게 말할 수도 있겠지요.

"드디어 도착했다."

반대로 숨을 내쉴 때에는 "집에 도착했다."

이것은 바로 지금 이 순간 속으로 들어왔다는 의미가 되겠지요. 그 말은 선언하는 것이 아니라 자각을 위한 것입니다. 그런 식으로 정말로 몸과 마음이 현재의 순간에 도달해야 하기 때문이지요.

이렇게 각각의 걸음을 옮기다 보면 여러분의 몸뿐만 아니라 이리저리 흔들리는 마음의 동요까지도 멈추게 됩니다. 걷기 명상을 통해서 여러분은 습관처럼 바쁘게 뛰어다니던 것을 인식하고 이를 천천히 바꾸어 나갈 수 있게 됩니다.

이렇게 걷기 명상을 통해 몸과 마음을 100% 탐구함으로써 여러분은 목적지에 닿을 수 있습니다. 쉽지 않은 일이겠지요. 하지만 지금이 아니면 언제 이런 시도를 해 볼 수 있을까요? 그러니 지금 그 자리에 멈추어 서 보십시오. 몸과 마음이 현재의 순간에 완전히 도달할 수 있을 때까지 조용히 호흡을 들이쉬고 내쉬어 봅니다. 그리고 바닥에 도착했다는 도장을 찍듯이 다음 걸음을 옮겨 봅니다. 승리와 기쁨의 미소를 얼굴 가득 지어 보세요! 전 우주가 여러분의 도착을 똑똑히 지켜보고 있습니다. 이렇게 한 걸음만 내딛을 수 있다면, 그 다음 두 걸음, 세 걸음은 식은 죽 먹기입니다. 가장 중요한 것은 첫 번째 걸음을 내딛는 것에 성공했다는 것입니다.

"드디어 집에 도착했다"라는 말은
"더 이상 뛰지 않겠다"는 의미입니다.
평생을 죽어라 달려왔지만
우리는 어디에도 도착하지 못했습니다.
이제는 멈추어야 할 때입니다.
우리의 목적지는 바로 지금 여기입니다.
오직 지금 이 순간에만
진정한 삶이 가능하기 때문입니다.

이것이 바로 천천히 걷는 명상입니다. 멈춤과 평온함 그리고 도착이라는 과정을 통해서 우리 자신을 진실로 훈련하는 방법이지요.

일단 천천히 걷는 미학을 완벽히 익히고 나면, 원하는 속도에 맞추어 걷기 명상을 할 수 있게 됩니다. 의식적으로 걷는다는 것이 반드시 천천히 걷는 것을 의미하지는 않습니다. 그저 평화와 자유로움 속에서 걸음을 내딛기만 하면 됩니다. 마음 다함 속에서 내딛는 한 걸음걸음마다 마음 다함이 꽃피고 영혼이 치유될 수 있습니다. 여러분은 그저 호흡을 통해서 여러분의 몸으로 돌아가기만 하면 됩니다. 매 호흡마다, 또 매 걸음마다 몸과 마음이 최대한 안정될 수 있도록 노력하세요. 평화와 자유로움 속에서 자연스럽게 걷되, 각각의 걸음마다 지금 현재에 집중하고 나의 몸과 주변의 모든 것들을 오롯이 느껴 보세요.

그렇게 걸음을 내딛다 보면 독립성이 생기고 자유로워지고 진정한 나를 찾을 수 있을 것입니다. 여러분의 목적지에 도착하기 위해서 반드시 그곳을 향해 가야 하는 것은 아닙니다. 그저 한 걸음이 여러분의 목적지가 되기 때문이지요. 지금 이 순간 내가 살아 있으며, 나의 몸이 우주의 걸작이라는 사실만 깨달으면 됩니다.

걸음걸음마다 평화와 자유로움을 느낄 수 있다면, 여러분은 진정한 열반, 우주적 몸, 그리고 신의 몸에 닿은 것이나 다름없습니다. 열반이 아주 멀리 떨어진 곳에 존재하는 것이라고 생각하지 마세요. 여러분이 내딛는 걸음걸음이 바로 열반입니다.

걷기 명상을 통해서
궁극에 닿을 수 있습니다.
나아가 우리의 두 발과 마음
그리고 모든 몸이 천국에 닿을 수 있습니다.

제 4 장

無常

무상

4장

무상(無常)
지금이 절호의 기회다

무상(無常)은 모든 것을 가능케 만드니
항상 감사한 마음을 가져야 한다.

삼사백 년 가까이 사는 거북이도 있고 삼나무의 경우에는 천 년을 넘게 산다고 합니다. 우리 인간들은 기껏해야 백 년밖에 살지 못하지요. 그 시간을 어떻게 보내야 할까요? 우리는 주어진 시간을 충분히 잘 사용하고 있는 걸까요? 우리는 무엇을 깨닫고 이루기 위해 태어난 것일까요? 얼마 후면 그동안의 세월을 돌아보며 놀라서 이렇게 외치겠지요.

"대체 살아 있는 동안 내가 무엇을 한 걸까?"

시간이란 화살처럼 빠르게 흐르기 때문입니다. 죽음은 예기치 못한 순간에 우리 앞에 찾아오지요. 그렇다면 주어진 시간을 어떻게 활용해야 할까요? 내일까지 기다리다 보면 너무 늦을지도 모릅니다. 우리는 모두 충만하게 삶을 영위하기를 바라고 있기 때문에 주어진 삶을 낭비하지 않아야 죽음이 코앞에 찾아왔을 때 어떠한 후회도 남기지 않을 수 있을 것입니다.

지금 우리에게 주어진 삶을 풍요롭게 살아나갈 때, 정말로 살아 있다는 것을 느낄 수 있고 살아 있음이 기적이라는 사실을 깨닫게 됩니다. 과거는 흘러갔고 미래는 아직 닥치지 않았습니다. 지금 이 순간이 우리가 살아 있는 유일한 순간이고 우리에게 주어진 시간인 것입니다!

우리는 지금 이 순간을
일생에서 가장 아름다운 시간으로 만들어야 합니다.

무상(無常)을 깊이 숙고하는 것은 우리로 하여금 지금 이 순간의 자유와 행복에 닿을 수 있도록 도와줍니다. 현실을 있는 그대로 바라볼 수 있도록 해주기 때문에 변화를 수용하고 두려움에 맞서고 우리가 가진 것에 감사할 수 있도록 해주지요. 꽃과 조약돌, 우리가 사랑하는 사람, 우리의 몸, 고통과 슬픔 혹은 우리가 처한 상황들이 지닌 무상의 이치를 깨닫고 나면, 현실의 핵심을 돌파할 수 있게 됩니다.

무상이란 매우 놀라운 것입니다. 만약 사물들이 무상하지 않다면 삶이란 불가능한 것이 될 테니까요. 씨앗이 자라 옥수수가 될 수

도 없을 테고, 어린아이가 어른으로 성장할 수도 없을 겁니다. 치유
나 변화 또한 불가능할 것이며 우리의 꿈이 무엇인지도 깨닫게 될
수 없지요. 따라서 무상은 우리 삶에서 아주 중요한 부분을 차지하
고 있습니다. 우리는 모든 것을 가능케 하는 무상의 이치에 고마워
해야 합니다.

• • •
시간이 지나면 모두 알게 된다

오래전, 중국의 어느 작은 시골 마을에 타이(Tai)라는 사람이 살고
있었습니다. 그는 평생을 말 하나로 먹고살아 왔습니다. 그러던 어
느 날, 그의 말이 도망쳤고 이웃들은 동정 어린 시선으로 그를 보며
말했습니다.

"세상에, 운도 지지리도 없지! 자네는 정말 불운한 사람이구먼!"

하지만 타이는 별로 불안해하지 않는 눈치였습니다.

"불운인지 아닌지는 시간이 지나면 알게 되겠지."

그로부터 며칠 후, 타이의 말이 멋들어진 야생마 몇 마리를 데리
고 집으로 돌아왔습니다. 덕분에 타이와 그의 가족들은 갑자기 부
자가 되었지요.

"자네는 정말 운이 좋은 사람이구먼!"

마을 사람들은 부러워하며 이구동성으로 말했습니다. 그러자 타

이가 대답했습니다.

"운이 좋은지 아닌지는 시간이 지나면 알게 되겠지."

그러던 어느 날, 타이의 외동아들이 새로 들어온 멋들어진 야생 마들을 조련하려고 말을 타고 달리다가 떨어져서 다리가 부러졌습니다.

"지지리 운도 없구먼!"

마을 사람들이 또다시 말했습니다. 그러자 타이가 대답했지요.

"운이 없는지 아닌지는 시간이 지나면 알게 되겠지."

그로부터 몇 주가 지난 어느 날, 황제의 군대가 마을을 지나가던 길에 젊고 건강한 남자들을 강제로 징집하는 일이 벌어졌습니다. 하지만 타이의 아들은 아직 다리가 다 낫지 않은 상태라 군대에 끌려가는 일을 피할 수 있었지요.

"이번에는 정말 운이 좋았어!"

또다시 이웃들이 말했습니다. 그러자 타이는 이렇게 대답했지요.

"운이 좋은지 아닌지는 시간이 지나고 나면 알게 되겠지."

무상이란 행복을 가져오는 만큼 고통을 가져다주기도 합니다. 그렇다고 해서 무상이 나쁜 것은 아닙니다. 무상의 이치 덕분에 독재자의 횡포도 언젠가 무너지게 마련이기 때문입니다. 지독한 병도 언젠가 치유될 수 있지요. 무상함 덕분에 우리는 사계절이라는 아름다운 자연의 기적을 만끽할 수도 있습니다. 나아가 더욱 긍정적인 방향으로 변화하고 상황이 바뀌는 것도 가능해지는 것입니다.

베트남에 전쟁의 포화가 빗발치던 당시만 해도, 폭력은 영원히 멈추지 않을 것처럼 보였습니다. 함께 일하던 사회봉사단원들조차 마을을 재건하고 나면 또다시 폭탄에 맞아 폐허가 되는 모습을 보며 점점 지쳐갈 정도였지요. 그렇게 수많은 사람들이 집을 잃게 되었습니다. 비무장 지대 근처에 있던 한 마을은 연달아 폭탄의 피해를 입어, 한 번도 아니고 세 번이나 재건 작업을 했을 정도였습니다. 그러자 젊은 봉사단원들이 질문을 던졌습니다.

"다시 마을을 재건해야 할까요? 아니면 여기서 포기해야 할까요?"

다행히 우리는 포기할 만큼 어리석지 않았습니다. 포기한다는 것은 희망의 끈을 놓는 것과 같기 때문입니다.

그때쯤 젊은 친구들이 여럿 몰려와서 이런 질문을 했던 것이 기억납니다.

"스승님, 전쟁이 곧 끝날 것이라고 생각하십니까?"

솔직히 당시만 해도 전쟁이 도무지 끝날 기미가 보이지 않는 상황이었습니다. 하지만 그들을 절망의 늪에 빠트리고 싶지 않았습니다. 그래서 얼마 동안 아무 대답도 하지 않았습니다. 그리고 한참 후에 이렇게 말했습니다.

"부처님께서 말씀하시기를 모든 것이 무상하다고 했습니다. 우리의 전쟁도 언젠가 끝이 날 겁니다."

그렇다면 이러한 무상을 더욱 빠르게 진행시키려면 어떻게 해야 할지가 궁금할 테지요. 지금의 상황을 개선하기 위해서는 다음과 같은 방법으로 매일 노력해야 합니다.

● ● ●

통찰의 힘

누구나 무상의 이치에 동의하면서도 여전히 모든 것이 영원할 것처럼 행동하는 경향이 있습니다. 바로 그 점이 문제입니다. 이러한 태도 때문에 우리는 지금 이 순간, 우리가 처한 상황에서 변화를 이끌어낼 수 있는 기회를 놓치기 십상입니다. 나 자신과 다른 사람에게 행복을 주는 것까지도 말입니다. 무상의 통찰을 가지고 더는 우물쭈물 대지 말아야 합니다. 변화를 만들어내기 위해서 뭐든 해야 하고 사랑하는 사람을 행복하게 만들기 위해 노력해야 하며 여러분이 원하는 삶을 살기 위해 애써야 합니다.

부처님이 무상의 이치를 가르쳐 준 것은 하나의 개념으로 소중히 하라는 의미가 아니라 무상의 통찰을 우리 일상에 그대로 적용하기를 바랐기 때문입니다. 개념과 통찰 사이에는 분명한 차이가 존재합니다.

성냥을 그어 불을 붙인다고 가정해 보겠습니다. 성냥에 불이 붙자마자 성냥은 조금씩 타들어갑니다. 하나의 개념으로서의 무상이란 불에 타서 사라지는 성냥과도 같습니다. 무상의 통찰이란 성냥에 붙은 불꽃과도 같은 것입니다. 일단 불이 붙어 타버린 성냥은 아무 짝에도 소용이 없습니다. 우리가 필요로 하는 것은 불꽃이지 성냥이 아니기 때문입니다. 우리는 무상이라는 개념을 통해서 통찰력을 얻기 위해 무던히 노력해야 합니다.

> 우리는 무상의 통찰을 삶의 매 순간에 적용할 수 있는
> 삶의 통찰로 활용할 수 있습니다.

무상의 통찰은 우리를 자유롭게 하는 힘을 가지고 있습니다. 만약 여러분이 사랑하는 사람이 말실수를 해서 갑자기 화가 났다고 생각해 보세요. 그 순간에는 나 역시 똑같이 아픈 말을 던져 응수하고 싶은 심정이 들겠지요. 나를 아프게 했으니까 그만큼 아픈 말을 던져 상대를 똑같이 만들고 싶을 겁니다. 그렇게 되면 두 사람 사이에 말싸움이 벌어지겠지요. 그럴 때 잠시 눈을 감고 무상의 이치를 떠올려 보면 됩니다. 눈앞에 있는 그 사람이 삼백 년 후에 어떠한 모습이 될지 상상해 보세요. 그저 한 줌의 재가 되겠지요. 어쩌면 삼백 년까지 필요하지 않을 수도 있겠지요. 불과 삼십 년에서 오십 년 사이에 여러분은 둘 다 한 줌의 재가 되어 있을 겁니다. 이렇게 생각하면 화를 내고 서로 말다툼을 벌이는 것이 얼마나 바보 같은 짓인지 깨달을 수 있을 테지요.

삶은 소중한 것입니다. 단 몇 초만 생각해 봐도 무상의 이치를 깨닫고 이해할 수 있게 됩니다. 다시 눈을 뜨고 나면 사랑하는 사람과

말싸움을 벌이고 싶은 마음이 사라질 겁니다. 그저 사랑하는 이를 다정하게 안아주고 싶겠지요. 그렇게 여러분의 분노는 사랑으로 변화하게 됩니다.

• • •

무상(無常)의 빛 속에서 사는 법

제가 사랑했던 많은 사람들 그러니까 가족과 가까운 친구들 대부분이 이미 세상을 떠났습니다. 그런데도 제가 지금까지 살아 숨 쉬고 있다니 그야말로 기적 같은 일이지요. 물론 그들을 위해 숨 쉬고 있는 것이겠지요. 저는 매일 아침 눈을 뜨면, 제일 먼저 온몸을 스트레칭하고 간단한 아침 체조를 합니다. 그 시간마저 저에게는 큰 행복입니다.

> 더 멋진 몸매를 가꾸기 위해서
> 혹은 건강해지기 위해서 운동하는 것이 아니라
> 살아 있음을 느끼기 위해서 운동을 합니다.

마음 다함의 동작 수련을 통해서 느끼는 행복과 기쁨은 나의 몸과 마음을 풍요롭게 해줍니다. 각각의 동작을 할 때마다 늦은 나이에도 자유롭게 사지를 움직일 수 있다는 것이 행복할 따름이지요.

이렇게 운동을 하다 보면 내 몸에 대해 감사하고 살아 있음에 행복합니다. 이처럼 나의 삶과 나의 신체에 대해서 항상 고마움을 느끼려고 노력합니다. 나이가 들고 어느새 몸 곳곳이 아프고 통증이 느껴질 때도 그 통증이 그리 심하지 않았던 순간에 감사함을 느낄 수 있습니다. 여전히 숨 쉴 수 있다면 그 사실로도 감사해야 하겠지요. 제대로 걸을 수 있다면 그 자체를 즐기려고 노력해야 합니다. 여러분과 주변의 평화와 상쾌함의 요소들을 느낄 수 있다면, 그로 인해 몸과 마음이 풍요로워진다면 행여 몸이 조금 불편하고 아프더라도 충분히 이겨낼 수 있을 것입니다.

우리는 죽음을 두려워하고 나이가 든다는 것을 쉽사리 받아들이지 못합니다. 언젠가 제대로 걷지도 서지도 못할 날이 오리라는 사실조차 믿기지 않겠지요. 그나마 운이 좋다면 휠체어를 타고 다닐 정도로 나이가 들 때까지 살 수도 있을 겁니다. 이러한 점을 숙고해보면서 오늘의 한 걸음 한 걸음에 감사해야 합니다. 다가올 미래에는 지금처럼 걸음을 내디딜 수 없는 날이 올 수도 있으니까요. 무상을 깨닫는 것은 우리로 하여금 주어진 시간과 날들을 소중히 할 수 있는 기회를 줍니다. 우리의 몸과 사랑하는 사람들 그리고 지금 이 순간 나를 행복하게 만드는 여러 가지 상황을 소중히 아낄 수 있도록 해주는 것이지요. 우리에게 주어진 삶을 충분히 살아가고 있다는 사실을 깨닫는 순간, 우리는 평화로움을 느낄 수 있습니다.

• • •

살아 있음을 느끼면서 호흡하라

앞으로 살아갈 날들과 시간을 소중히 해야 합니다.
그 시간들은 너무나 소중한 것이기에
일분일초도 낭비하지 않겠다고 맹세합니다.

저는 매시간 수행에 전념했고 잠시도 낭비하는 시간이 없도록 했습니다. 걸을 때나 일을 할 때, 설법을 할 때나 책을 읽을 때에도, 차를 마시거나 공동체 식구들과 밥을 먹을 때에도 매 순간을 소중히 여겼습니다. 호흡 하나하나, 걸음 하나하나, 행동 하나하나에도 진심을 담았지요. 어디를 가나 걸음을 내디딜 때마다 이렇게 되뇌곤 합니다. 호흡을 마실 때에는 "전설적인 호흡을 한다"고 말하고 호흡을 내쉴 때에는 "나에게 주어진 멋진 순간을 산다"고 말합니다. 이렇게 매 걸음마다 행복이 깃들어 있으니 내일이 오더라도 후회하지 않을 것입니다.

숨을 쉰다는 것은 축복입니다.
지금도 살아 숨 쉬고 있다는 사실에 감사해야 합니다.

• • •

고요한 두려움에 맞서기

여전히 살아 있다는 사실에 기쁘면서도, 그 안에는 우리가 마주하기 싫은 깊은 두려움이 내재되어 있습니다. 바로 죽음에 대한 두려움입니다. 굳이 인정하거나 생각하고 싶지 않을지라도 우리 마음 깊은 곳에는 언젠가 우리가 죽게 될 것이라는 사실을 인지하고 있기 때문입니다. 그 날이 오면 우리의 사지가 뻣뻣하게 굳어져서 차갑게 식어가겠지요. 더 이상 호흡을 할 수도 생각할 수도 감정을 느낄 수도 없을 테고 그렇게 서서히 썩어갈 것입니다.

이렇게 죽음에 대해 생각할 때마다 왠지 모를 불편한 기분이 들 수도 있습니다. 그래서 애써 죽음에 대한 생각을 한쪽으로 미뤄 두고 싶은 걸 수도 있겠지요. 애써 부정하고 싶을 수도 있겠고요. 죽음에 대한 두려움은 천천히 우리를 덮쳐 와, 미처 깨닫지 못하는 사이 우리의 생각과 말 그리고 행동을 앗아갈 것입니다.

우리에게 여덟 개의 몸이 있다는 사실을 일상생활 속에서 항상 인지하려고 애쓰다 보면, 마음속 깊이 뿌리 내린 죽음에 대한 두려움을 변화시킬 수 있습니다. 우리의 육체는 존재의 지극히 일부를 차지하고 있을 뿐이니까요. 지금까지 살펴본 것처럼, 우리는 수많은 방식을 통해 계속해서 존재하게 될 겁니다. 따라서 우리의 육신이 무상하다는 사실을 애써 부정하지 않아야 합니다. 일상생활 속에서 이러한 생각을 항상 염두에 두려고 노력하다 보면, 앞으로 우리에게 남은 시간을 어떻게 잘 활용해야 할지 깨달을 수 있습니다.

부처님은 매일 밤 다음과 같은 다섯 가지 분명한 명제를 낭독해야 한다는 가르침을 주신 바 있습니다. 죽음에 대한 두려움을 줄이고 삶의 소중함을 일깨워 주기 위한 일종의 연습과도 같은 것이지요.

• • •

수행법 : 다섯 가지 분명한 명제

여러분도 잠시 시간을 내어 다음의 구절을 천천히 따라 읽어 보시기 바랍니다. 호흡에 따라서 멈추고, 한 구절이 끝날 때마다 호흡과 이완을 하면 더 좋겠지요.

나는 분명히 늙어갈 것이다.
늙어가는 것을 피할 수 없다.

나는 분명히 병에 걸릴 것이다.
병에 걸리는 것을 피할 수 없다.

나는 분명히 죽게 될 것이다.
죽음을 피할 수 없다.

내가 아끼고 사랑하는 이들은 모두 변하게 될 것이다.
그들과 헤어지지 않기 위해서 도망칠 방법은 없다.

나는 내가 쌓은 업의 주인이다.
내가 쌓은 업보로부터 도망칠 방법은 없다.
선업이든 악업이든 나 스스로 책임져야 한다.

현실의 궁극적인 차원을 보기 위해서, 우리는 현재 우리가 살아가고 있는 역사적인 차원을 자세히 들여다볼 필요가 있습니다. 위의 다섯 가지 명제는 죽음의 '상대적 진리'를 제대로 이해할 수 있도록 도와주는 것입니다. 다름 아니라 우리 몸은 언젠가 늙고 병들며 죽음에 이르게 된다는 것이지요. 하지만 우리에게 우주적 몸이 있다는 사실 또한 반드시 기억하고 있어야 합니다.

이렇게 무상(無相)의 통찰력을 가지고 깊이 살필수록 '죽음'보다 '변화'라는 단어가 더욱 긍정적이라는 사실을 깨달을 수 있게 됩니다.

위의 네 번째 명제와 더불어 무상(無常)과 무아에 대해 깊이 생각해보면, 현실의 더욱 깊은 부분을 이해할 수 있게 되고, 나아가 상(相)을 넘어 '궁극적 진실'에 닿을 수 있게 됩니다. 비록 죽음이 우리를 사랑하는 사람들과 갈라놓을지라도, 자세히 살펴보면 그들은 죽은 후에도 새로운 형태로 영원히 우리 곁에 남아 있을 것입니다. 다섯 번째 명제를 통해 우리가 평소에 하는 행동이 미래까지 이어진다는 사실을 기억해야 합니다. 이를 통해서 태어나는 것도 죽는 것도 없다는 사실과 오는 것도 가는 것도 없다는 것, 그리고 같은 것도 다른 것도 없다는 궁극의 진리에 닿을 수 있습니다. 이러한 다섯 가지 명제들을 매일 반복해서 말하다 보면, 공(空)과 무상(無相), 무원(無願)과 무상(無常)의 통찰을 일상생활 속에서 실행에 옮길 수 있을 것입니다.

• • •

통찰력을 적용하기

현대 화학의 아버지로 불리는 프랑스의 과학자 앙투안 라부아지에(Antoine-Laurent Lavoisier)는 "새로이 창조되는 것도 소멸하는 것도 없으며, 모든 것은 변화할 뿐이다"라는 사실을 발견했습니다. 가끔씩 라부아지에라는 과학자가 이러한 진리를 염두에 두고 생활했을지 궁금하기도 합니다. 그는 프랑스 혁명이 있던 시대의 산증인으로 오십이라는 나이에 단두대의 이슬로 생을 마감했습니다. 라부아지에의 아내는 남편에 대한 사랑이 지극하였고 남편처럼 과학자가 되었다고 합니다. 만약 라부아지에라는 과학자에게 아무것도 사라지지 않는다는 깊은 통찰력이 있었다면, 사형 예정일에 단두대를 향하는 그의 마음은 두려움으로 가득 차 있지는 않았을 것 같습니다.

라부아지에가 생전에 발견한 이러한 통찰과 발견은 현대까지 널리 울려 퍼지고 있습니다. 그러니 라부아지에는 죽은 것이 아니겠지요. 그의 지혜는 아직 이곳에 살아 숨 쉬고 있으니까요. 그의 말처럼 새로운 형태로 바뀐 것뿐입니다. 새로이 창조되는 것도 소멸하는 것도 없으며, 모든 것이 변화할 뿐이라는 말은 여러분의 신체와 감정, 인식과 정신 형성 그리고 의식에 모두 적용되는 것임을 기억해야 합니다.

· · ·

무상(無常)과 무아

이렇게 무상에 대해 깊이 고찰할 때, 여러분은 무아의 경지에 이를 수 있습니다. 무상과 무아는 서로 다르지 않습니다. 시간의 관념 속에서는 무상한 것이고, 공간의 관념 속에서는 무아와 공 그리고 어울려 존재하는 것이기 때문입니다. 물론 각기 다른 단어들이지만 알고 보면 그 이치는 같습니다. 무상에 대해 깊이 이해할수록 우리는 무아와 어울려 존재함의 가르침에 대해 더 자세히 이해할 수 있게 됩니다.

무상은 어떤 사물, 즉 꽃이나 별, 사랑하는 사람, 혹은 나의 신체 등의 섭리를 묘사한 명사로 볼 수 있습니다. 하지만 무상이 오직 외면적인 부분에서만 발생하며 내면에는 뭔가 영원히 지속되는 것이 존재한다고 오해해서는 안 됩니다. 무상이란 두 개의 연속된 순간 속에서 변치 않는 것은 없다는 뜻입니다. 사실상 우리가 무상이라고 부를 만큼 영원히 계속되는 '사물'은 없습니다. 의미론적으로 볼때, '모든 것이 무상이다'라는 말이 이상하게 들릴 겁니다. 하지만 모든 것은 하나의 순간 속에서만 존재하는 것이 진실입니다.

어둠 속에서 깜빡이며 빛을 내는 촛불을 들여다보고 있다고 가정해 봅시다. 처음에는 그 촛불이 끝없이 타오르는 것처럼 보일지 몰라도 사실상 수많은 불꽃들이 서로 밝은 빛을 이어가고 있는 것입니다. 1/1000초라는 짧은 순간 속에서, 산소와 연료 부분이 서로 맞닿으면서 '촛불이 아닌 요소'를 통해서 밝은 빛을 발산하는 것이니까요. 그리고 그 불꽃은 밝은 빛과 열을 사방으로 뿜어냅니다. 투입과 산출이 계속해서 이어지고 있는 것이지요. 따라서 지금 우리 눈에 보이는 불꽃은 방금 전에 타오르던 불꽃과 동일하지 않으며, 그렇다고 완전히 다르다고 볼 수도 없습니다. 이처럼 우리 인간들도 언제나 변화를 거듭합니다. 우리의 신체와 감정, 인식과 정신 형성, 그리고 의식은 매 순간 변화를 이어가고 있습니다. 따라서 우리 몸의 세포들과 감정, 인식과 생각 그리고 마음의 상태는 매초마다 새로운 것에게 몸을 내어주고 있는 셈이지요.

언젠가 잠시 몸을 피하기 위해서 독일에서 지내던 시기에, 젊은 커플이 결혼을 하게 되었습니다. 다음 날 저는 그 커플에게 다음과 같이 서로에게 질문해 보라고 제안했습니다.

"여보, 당신은 내가 어제 결혼한 사람과 똑같은 가요, 아니면 달라졌나요?"

왜냐하면 무상의 이치에 따르면 우리 인간은 하루가 다르게 변화하는 존재이기 때문입니다. 우리는 어제와 똑같은 사람이 아니지만, 그렇다고 완전히 다른 사람도 아닙니다. 어제의 나와 오늘의 나는 분명히 다릅니다.

흔히 사랑에 빠지면 우리가 사랑했던 사람이 그때의 모습 그대로 영원히 계속되기를 바라는 경향이 생기게 마련입니다. 영원히 그 모습 그대로 머물기를 바라고 또 처음처럼 영원히 사랑받기를 원하는 것이지요.

오늘은 상대가 매력적이고 사랑스럽겠지만 과연 내일이 와도 여전히 "사랑한다"고 말할 수 있을까요? 누군가를 사랑하게 되면, 그 사람을 잃을까 봐 두려워합니다. 우리의 마음이란 언제나 영원하게 지속되는 것을 잡아두기를 원하기 때문입니다. 나 역시도 지금과 똑같은 모습을 유지하고 싶고 사랑하는 사람도 그때와 영원히 같기를 바라고 있지요. 하지만 그건 불가능한 일입니다. 우리 모두가 계속해서 변화하기 때문입니다. 따라서 무상의 이치를 제대로 받아들일 수 있을 때만이 서로의 변화와 성장을 수용할 수 있게 됩니다. 오늘에서 내일로 시간이 흐르면 우리는 어제와 같지도 또 다르지도 않은 사람으로 변합니다. 어찌 보면 다행스러운 일이지요.

지금 이 순간 여러분과 여러분이 사랑하는 사람은
모두 새로운 사람들입니다.
때문에 여러분 모두가 자유롭습니다.

● ● ●

씨앗에 물 뿌리기

우리가 사랑하는 사람이 동떨어진 자아가 아니고 수많은 요소들의 결합이라는 사실을 깨닫게 되면, 사랑하는 사람에게 긍정적인 요소를 뿌려서 무럭무럭 자랄 수 있도록 할 수 있겠지요. 우리들 자신에게도 마찬가지입니다. 스스로 키우고 싶은 부분과 변화시키고 싶은 부분을 찾아, 씨앗에 물을 주듯 수행을 하면 되니까요.

인간의 마음은 온갖 씨앗들로 가득한 정원과도 같습니다. 즐거움의 씨앗, 평화와 마음 다함, 이해심 그리고 사랑의 씨앗뿐만 아니라 열망과 분노, 두려움과 미움, 그리고 망각의 씨앗들도 있습니다. 여러분이 어떻게 행동하느냐와 삶의 질에 따라서 그 씨앗들에 물을 뿌리는 것과 같은 결과가 나타나게 되니까요.

여러분의 정원에 토마토를 심으면 토마토가 자랄 것입니다. 마찬가지로 여러분의 마음속에 평화의 씨앗을 품으면 평화가 자라겠지요. 행복이라는 씨앗에 물을 뿌리면 행복이 만개하게 될 것입니다. 분노에 물을 뿌리면 분노가 자라겠지요. 어떤 씨앗에 물을 주느냐에 따라서 그 감정이 강하게 성장하므로 여러분은 의식적인 정원사가 되도록 노력해야 합니다. 스스로 가꾸고 싶은 씨앗에 선별적으로 물을 주고, 그렇지 않은 씨앗에는 물을 주지 않으려고 애써야 하는 것입니다.

우리는 모두 장점과 단점을 가지고 있습니다. "나는 성격이 급해" 혹은 "나는 친구의 말을 잘 들어주는 좋은 친구야" 등등 자신에 대해 생각하는 바가 제각각이지요. 우리는 이러한 성질이 우리를 판단하는 기준이라고 생각합니다. 하지만 이는 우리 자신에게만 해당되는 것이 아닙니다. 그 모든 것들은 선조들로부터 물려받은 유전적인 요소의 커다란 줄기라고 할 수 있습니다.

우리 스스로 '우리가 아닌 요소'들로 이루어져 있다는 사실을 이해할 수 있을 때, 모두가 가진 장점들을 받아들이는 것이 더욱 수월해집니다. 이는 이해심과 자비심을 가질 때 단점과 결점을 받아들일 수 있게 되는 것과 유사한 이치입니다.

여러분이 누군가와 진지한 관계를 가지고 있는 상태라면, 그때는 정원을 두 개 가진 정원사가 되는 것입니다. 여러분 스스로의 정원과 사랑하는 사람의 정원, 두 가지를 가진 것이니까요.

먼저 여러분의 정원을 아름답게 가꿔 보면서 정원을 가꾸는 방법을 터득해야 합니다. 우리 정원에는 꽃도 있지만 쓰레기들도 있습니다. 분노와 두려움, 차별적인 태도와 질투가 바로 우리 정원에 있는 쓰레기들이지요. 만약 그 쓰레기들에 물을 잘못 뿌리게 되면 부정적인 씨앗을 키우는 셈이 됩니다. 자비심과 이해심 그리고 사랑의 씨앗에 물을 뿌리면 긍정적인 씨앗이 무럭무럭 자라겠지요. 정원에 있는 어떤 씨앗에 물을 뿌릴지는 여러분 스스로에게 달려 있습니다.

만약 자신의 정원에 있는 씨앗들을 선별적으로 키울 방법을 제대로 알지 못한다면, 여러분이 사랑하는 사람의 정원을 가꿀 수 있는 지혜가 아직 부족한 것입니다. 나 자신의 정원을 제대로 가꿀 수 있을 때만 사랑하는 사람의 정원도 아름답게 가꿀 수 있게 됩니다.

단 일주일만 제대로 연습을 해도 큰 변화를 만들 수 있습니다. 누구나 그 정도는 할 수 있겠지요. 우리의 관계를 살아 숨 쉬게 만들려면 이런 식으로 많은 연습을 해야 합니다. 의식적으로 걷고 매 걸음마다 몸과 마음에 열중하다 보면, 여러분이 원하는 평화와 즐거움, 자유로움을 얻을 수 있습니다. 숨을 들이마실 때마다 그 숨에 집중하고 숨을 내쉴 때마다 그 숨을 향해 미소를 짓다 보면 진정한 나의 모습을 찾을 수 있습니다. 그러면 나 자신이 내 인생의 주인이 되고 나아가 내 안의 정원을 멋지게 가꾸는 정원사가 될 수 있습니다.

> *먼저 나 자신의 정원을 가꾸는 방법을 터득하고 나면*
> *사랑하는 사람의 정원도 아름답게 가꿀 수 있습니다.*

만약 골치 아픈 관계를 맺고 있는 상태에서 상대와 평화로운 관계를 구축하고 싶다면, 먼저 나 자신의 마음속으로 들어가야 합니다. 먼저 내 마음속 정원에 있는 씨앗들 중에서 평화와 자비심, 고마움과 이해심, 그리고 즐거움의 씨앗을 잘 가꾸어 보세요. 그러고 나서 상대에게 다가가 인내와 수용, 이해심과 자비심을 보여주기 바랍니다.

만약 상대에게 평생 충실하기로 다짐했다면 함께 성장하기로 약속한 것이나 다름없습니다. 서로를 잘 돌보는 것이 여러분의 책임이 된 것이지요. 하지만 시간이 흐르다 보면 난관에 부딪힐 테고, 그러다 보면 정원 관리에 소홀해질 수도 있습니다. 어느 날 아침, 잠에서 깨어 보니 정원에 잡초들이 무성하게 자라 있고, 나의 애정이 담긴 손길이 닿지 않아 꽃들이 완전히 시들어버렸다는 것을 느끼게 될 수도 있을 겁니다. 그렇다고 이제는 늦었다고 포기해 버려서는 안 됩니다. 여러분의 사랑은 아직 그대로 남아 있고, 여러분이 사랑했던 상대도 그대로 있으니까요. 여러분의 정원은 그저 애정 어린 손길을 기다리고 있을 뿐입니다.

• • •

여러분의 사랑은 아직도 살아 있습니까?

나와 가장 가까운 이의 모습을 보고 더 이상 한때 사랑했던 사람이라는 생각이 들지 않는 순간이 올 수도 있겠지요. 분명히 내가 사랑했던 사람인데, 그 사람은 어디로 사라져버린 것만 같고 혹은 완전히 다른 사람으로 변해버린 것처럼 느껴질 수도 있습니다. 모든게 변해버린 것처럼 말입니다. 세월이 흐르면서 어려움도 생기고 오해가 서서히 자라났겠지요. 두 사람 모두 생각하는 부분 그리고 말이나 행동하는 방식도 서툴렀을 테고 그러다 보니 소중한 사람과의 관계를 외면하며 지냈을지 모릅니다.

그렇게 무심한 생각과 서투른 표현 그리고 행동 때문에 의도치 않게 서로에게 여러 번 상처를 주었을 것이고, 예전처럼 사랑이 가득 담긴 시선으로 바라보지도 말을 건네지도 않았을 겁니다. 결국 서로가 서로에게 큰 고통을 안겨주고 있는 것이지요.

겉으로 보면 두 사람의 사랑이 영영 사라져버린 것처럼 보일 수도 있습니다. 하지만 참나무 속에 여전히 도토리가 존재하는 것처럼, 어제의 사랑이라고 해도 오늘도 여전히 살아 있습니다. 따라서 지금도 사랑하는 이와의 관계를 되살리고 한때 뜨거웠던 사랑을 되찾는 것 모두 가능합니다.

> 무상(無相)의 눈으로 상대를 바라보면
> 한때 사랑했던 사람이
> 여전히 그 자리에 있음을 깨달을 수 있습니다.

언젠가 베트남에서 온 중년 부부가 플럼 빌리지를 찾아와 자신들의 이야기를 들려준 적이 있었습니다. 처음 두 사람이 함께 살기 시작했을 때만 해도, 그 둘은 서로를 깊이 사랑했고 애정과 사랑이 듬뿍 담긴 편지도 자주 주고받았다고 합니다. 당시만 해도 편지를 주고받는다는 것이 매우 특별하게 느껴졌겠지요. 그래서 사랑하는 사람이 보낸 편지를 배달하는 우편배달부의 발소리가 들릴 때마다 귀를 쫑긋 세우고 기다렸다고 합니다. 주변 사람들도 두 사람의 사랑이 담긴 서신을 소중히 아껴주었고, 서로 주고받은 편지를 보물처럼 잘 간직해 두었다가 시간이 날 때마다 꺼내서 읽었습니다. 그 중년 부인은 남편이 보낸 편지를 쿠키 상자에 잘 담아서 옷장 속에 보관했습니다.

처음 사랑에 빠지면, 누구나 사랑하는 이를 가까이서 보고 그 존재를 느끼고 싶어 합니다. 먹지도 마시지도 잠을 자지 않아도 살 수 있을 것처럼 느껴지지요. 사랑하는 이의 눈동자를 들여다보는 것만으로도 살아 있다고 느껴집니다.

하지만 사랑이나 사랑하는 이와의 관계를 제대로 키우는 방법을 알지 못한다면, 오래 지나지 않아 사랑하는 사람을 쳐다보는 것만으로 기뻤던 감정이 시들기 마련입니다. 오히려 상대를 쳐다보는 것조차 고통스러운 순간이 닥치는 것이지요. 그러면 지겨운 꼴을 보느니 차라리 휴대폰이나 만지작대고 TV를 보는 것이 낫다고 느끼게 됩니다. 특별히 보고 싶은 프로그램이 아니라도, 상대의 존재를 마주하느니 차라리 텔레비전이나 멍하게 쳐다보는 것이 낫다고 느끼게 되니까요.

바로 그 베트남인 부부도 마찬가지였습니다. 세월이 흐르면서 두 사람의 사랑도 시들어버렸습니다. 어느 날, 남편이 며칠 동안 멀리 출장을 하게 되었습니다. 출장이야 자주 있는 일이니 부인도 별생각 없이 지냈습니다. 그러던 어느 날, 오랜만에 봄맞이 대청소를 하려고 옷장을 열었는데, 예전에 주고받았던 편지가 담긴 쿠키 상자를 우연히 발견하게 되었습니다.

부인은 호기심 반으로 상자를 열었고, 편지를 한 줄씩 읽어내려갔습니다. 남편이 쓴 편지 속 구절은 하나하나 다정하고 부드러웠고 그 단어들은 부인의 마음을 다시 설레게 만들었습니다.

오랜 세월이 흐르면서 두 사람의 사랑의 씨앗 위로 먼지와 진흙이 점점 쌓이기 시작했던 것입니다. 그런데 예전에 주고받았던 편지를 읽으면서 부인의 의식 속에서 사랑의 씨앗에 단비가 뿌려지게 되었습니다. 부인은 편지를 읽으면서 남편의 사랑과 친절함을 다시 느낄 수 있었습니다. 그래서 상자에 든 편지들을 모조리 꺼내서 읽기 시작했습니다. 그렇게 수십 통이 넘는 편지를 그 자리에서 전부 읽어버렸다고 합니다. 덕분에 메마르고 금이 간 땅 위에 촉촉한 사랑의 단비가 내렸습니다.

부인은 그토록 아름다웠던 사랑, 그리고 행복했던 날들이 어쩌다 이렇게 되었을까 궁금했습니다. 그러다가 남편이 편지를 보내줄 때마다 자신도 사랑을 담아 답장을 보냈던 것이 떠올랐지요. 그때는 남편에게 사랑과 수용, 그리고 이해가 가득한 다정한 어조로 말을 걸기도 했을 겁니다.

그렇게 예전에 받은 편지를 전부 읽고 나서, 부인은 오래전에 자신이 그토록 사랑했던 사람과 다시 관계를 회복해야겠다는 결심을 하게 되었습니다. 그래서 곧바로 책상에 앉아서 펜과 종이를 꺼내어 남편에게 편지를 쓰기 시작했습니다. 예전처럼 다정하고 애정이 가득한 표현들을 편지 위로 적어 내려갈 수 있었습니다.

남편에게 그동안 두 사람이 얼마나 행복했는지, 또 얼마나 특별하고 친밀한 사이였는지를 상기시키기 위해 노력했고, 두 사람의 사랑을 다시 한 번 새롭게 키워보고 싶은 바람도 편지에 고스란히 담았습니다. 그리고 그 편지를 봉투에 넣어 남편의 책상에 올려 두었습니다.

며칠 후, 남편이 전화를 해서는 출장이 예정보다 길어질 것 같다고 말했습니다. 그러자 부인은 신뢰와 사랑이 가득한 목소리로 대답했고, 남편은 의외의 반응에 깜짝 놀랐습니다.

"만약 일 때문에 출장이 길어진다면, 여보, 어쩔 수 없지요. 하지만 최대한 빨리 집에 왔으면 좋겠어요."

남편은 부인의 다정한 목소리를 정말로 오랜만에 듣는 것이었습니다.

며칠 후 남편이 출장에서 돌아왔고, 그는 책상 위에 놓인 아내의 편지를 발견했습니다. 그리고 아무 말 없이 한참을 그 자리에 있었습니다. 바닥 깔개 밑에 내팽개쳐져 있던 사랑의 씨앗들이 아내의 편지 한 통으로 인해 다시 촉촉해진 것입니다.

그렇게 편지를 읽고 밖으로 나온 남편은 예전과 전혀 다른 사람이 되었습니다. 아내의 다정하고 사랑스럽고 이해심 넓은 편지가 굳게 닫혀 있던 남편의 마음을 다시 활짝 열어준 것입니다. 정말로 오랜만에 남편은 소중한 사람이 된 것처럼 느껴졌고 반겨주고 알아주는 사람이 있다는 사실을 깨달았습니다.

그렇게 부부는 화해를 하게 되었고, 서로의 소중함을 다시 깨달았으며, 부부 사이도 회복되었고 사랑하는 마음도 다시 불타오르게 되었습니다.

• • •
무상(無常)에 감사하라, 덕분에 모든 것이 가능해진다

사랑은 살아 숨 쉬는 것이라서 잠시도 가꾸는 것을 게을리해서는 안 됩니다. 우리 사랑이 아무리 아름다워도 그 사랑을 제대로 가꾸어 나가지 못하면 곧 시들어 죽게 마련입니다.

따라서 우리 안의 사랑의 정원을 가꾸는 법을 제대로 익혀야만 우리의 사랑이 길고 아름다운 러브스토리가 될 수 있습니다. 여러분의 사랑이 이미 죽어버렸다고 생각하지 마세요. 여러분이 한때 사랑했던 사람이 사라졌다고도 생각하지 마십시오. 그 사랑과 사랑하는 사람은 여전히 그 자리에서 여러분의 손길이 다시 닿기만을 기다리고 있습니다.

삶은 소중한 것입니다. 여러분은 지금 살아 있고, 때문에 여러분의 사랑을 되살리고 다시 생명력을 불어넣을 수 있는 기회를 놓쳐서는 안 됩니다.

마음 다함은 기적을 일으킬 수 있습니다. 사랑하는 상대의 아름다운 부분을 다시 깨달을 수 있을 때, 그에 대한 고마운 마음을 표현할 수 있게 되고 나아가 사랑스러운 언어로 소통하고 상대의 말을 경청할 수 있게 되니까요. 그렇게 하면 시들었던 사랑을 다시 되찾고 상대와의 관계 속에서 아름다움을 다시 느낄 수 있게 됩니다. 그래야만 여러분이 나중에 한 방울의 비로 바뀌었을 때에도 아무런 후회가 남지 않을 겁니다.

사실 고통과 행복은 '어울려 존재'하는 것입니다. 하나가 없으면 다른 하나도 존재할 수 없기 때문입니다. 관계 속에서 어려움에 맞닥뜨리게 되는 것도 오히려 감사해야 할 일입니다. 이를 통해 우리의 사랑을 더욱 깊게 다질 수 있기 때문입니다. 좋은 소식은 고통과 행복 모두가 무상하다는 것입니다. 그 때문에 부처님이 깨달음을 얻은 후에도 계속해서 수행을 멈추지 않았던 것입니다.

부처님은 고통을 잘 이용하여 행복을 만들어내려고 노력했습니다. 이러한 태도로 고통을 통해 행복을 만드는 것은 누구나 가능합니다. 마치 좋은 정원사가 퇴비를 이용해 아름다운 꽃을 피우는 것처럼 말입니다.

> 고통은 무상한 것이라 이를 변화시킬 수 있습니다.
> 행복도 무상한 것이라 아름답게 가꿀 수 있습니다.

제 5 장

無欲

무욕

무욕(無欲)

지금도 충분하다

지금 이 순간 우리가 가진 것으로 충분하다고 깨닫는 순간
우리는 충만함을 느끼고 진정한 행복을 찾을 수 있다.

행복의 기술은 현재의 삶을 충분히 영위하는 삶의 지혜로부터 나
옵니다. 바로 지금 이곳에서만 진정한 삶이 가능하며, 우리가 찾는
사랑과 자유, 평화와 웰빙을 얻을 수 있습니다.

행복은 습관과 같습니다. 일종의 연습이지요. 마음 다함과 명상,
통찰을 통해 불안함과 욕심에서 자유로워질 수 있습니다. 이러한 이
치를 깨닫고 나면 지금 이 순간 우리는 행복을 얻을 수 있는 모든 조
건을 갖춘 셈입니다. 이것이 무욕(無欲)의 수행입니다. 의식적 호흡을
수행하면 하루 종일 깨어 있는 상태에서 나 자신을 보살필 수 있습
니다. 그러면 과거에 대한 후회와 미래에 대한 걱정으로부터 자유로

워지고 매 순간을 충만하게 느끼고 일상의 경이로움과 신선함을 느낄 수 있습니다. 이러한 치유의 요소들은 우리 안과 밖에서 언제라도 접할 수 있습니다.

● ● ●

낚싯바늘에 걸리다

무욕에 집중하는 것은 무원(無願)을 수행하는 또 다른 방법입니다. 우리 모두 마음속에 커다란 욕망이 하나씩은 있습니다. 우리는 만족감을 느끼고 충만함을 얻기 위해 외부만 열심히 살피고 있지요. 음식, 감각적 쾌락, 돈, 인간관계, 사회적 지위나 성공 같은 것들 말입니다. 하지만 우리 안의 욕망의 에너지가 존재하는 한, 지금 현재 나의 모습이나 내가 가진 것들에 만족할 수 없으며 나아가 진정한 행복을 느끼는 것도 불가능합니다. 욕망의 에너지가 우리 미래까지 갉아먹을 테니까요. 우리 안의 욕망을 버리지 못하는 한 현재 순간에서 평화로움과 자유로움을 얻을 수 없으며 행복할 수도 없습니다.

설령 욕망하던 것을 얻게 되더라도 절대로 만족할 수 없습니다. 마치 강아지가 살점이 떨어져 나간 뼈다귀를 계속해서 질겅거리는 것처럼 말입니다. 아무리 오랫동안 갖고 싶었던 것이라도 막상 손에 넣으면 절대로 만족을 느끼지 못하게 되는 것이지요. 때문에 절대로 충만함도 느낄 수 없습니다.

집착은 진정한 행복과 자유로부터 우리를 가두는 감옥과 같습니다.

어쩌면 우리는 평생을 부와 지위, 막대한 영향력과 감각적 쾌락을 좇으며 살아가는지도 모릅니다. 그것들을 얻고 나면 삶의 질이 높아질 것이라는 기대를 가지고 있기 때문이지요. 하지만 그렇게 살다 보면 제대로 삶을 누리지 못하고 마지막 순간에 이르게 됩니다. 우리 인생은 그야말로 돈을 벌고 '어떤 사람'이 되는 수단으로 전락하게 되어 버리기 때문이지요.

부처님은 이러한 모습을 먹음직스러운 미끼에 현혹되어 낚싯바늘을 덥석 무는 물고기에 비유했습니다. 물고기는 미끼 속에 날카로운 바늘이 숨어 있다는 것을 알지 못합니다. 겉보기에는 먹음직스럽지만 일단 미끼를 물고 나면 물고기는 그대로 낚싯바늘에 걸려 죽게 됩니다. 이는 우리 인생에 있어서도 마찬가지입니다. 그럴싸해 보이는 것들, 예를 들어 돈이나 권력, 혹은 성적인 유혹 등 그 안에 도사리고 있는 위험을 전혀 감지하지 못한 채 맹목적으로 좇고 있는 것이지요. 그러다 보면 우리 몸과 마음이 황폐해지는데도 끝까지 포기하지 못하기 일쑤입니다. 미끼 속에 날카로운 낚싯바늘이 숨겨져 있는 것처럼, 우리가 욕망하는 대상 속에도 위험이 도사리고 있기 마련입니다. 일단 그 바늘의 존재를 볼 수 있게 되면, 우리가 욕망하던 것들이 더는 매력적으로 보이지 않게 되고 그제야 진정한 자유를 얻을 수 있습니다.

물론 처음에는 이런 생각이 들 수 있습니다. 내가 쫓던 것들을 모두 포기하고 나면 너무 많은 것을 잃게 되는 게 아닐까? 하지만 일단 모든 것들을 놓아버리면 결국 하나도 잃은 것이 없다는 사실을 깨닫게 됩니다. 어쩌면 전보다 더 부자가 될 수도 있겠지요. 자유를 얻었고 현재 순간을 온전히 즐길 수 있을 테니까요. 마치 들판에 숨겨진 보물을 사기 위해서 전 재산을 팔아버린 농부처럼 말입니다.

● ● ●

통찰은 우리를 자유롭게 한다

누구나 자신만의 통찰력을 가지고 있습니다. 우리가 욕망하는 대상들이 실제로 아무 의미 없다는 것을 알고 있지요. 우리는 낚싯바늘에 걸리기를 원치 않습니다. 우리가 가진 모든 시간과 에너지를 그 속에 쏟는 것은 더더욱 원치 않습니다. 그럼에도 마음속의 욕망을 버리지 못하고 있습니다. 우리의 통찰력을 어떻게 적용해야 할지 제대로 알지 못하기 때문입니다.

먼저 잠시 여유를 가지고 현재의 상황을 깊이 반추해 보는 것이 중요합니다. 내가 욕망하는 대상이 무엇인지 확실히 파악하는 단계입니다. 그러고 나서 그 속에 숨겨진 낚싯바늘을 알아채야 합니다. 어떤 위험이 도사리고 있나요? 그 속에 숨겨진 어려움은 없습니까?

그 욕망을 쫓으면서 벌어지게 될 모든 경우의 수를 살피고, 그 욕망 때문에 우리가 더 고통스러워질 수 있다는 점을 깨달아야 합니다.

사실 모든 욕망 속에는 삶에 대한 원천적이고 근원적인 욕구가 숨어 있습니다. 불교에서는 이러한 욕구를 '원죄'라고 부르지 않습니다. 대신 이러한 근원적 두려움과 욕구는 세상에 태어나는 순간 발현되는 것이라고 봅니다. 그러니까 최초로 고통스러운 숨을 내쉬는 출산의 순간 말입니다. 어머니는 더 이상 우리 대신 숨을 쉬어 주지 않습니다. 폐에 고인 물을 배출해야만 제대로 숨을 쉴 수 있다는 사실도 처음에는 잘 알지 못합니다. 하지만 이런 과정을 거치지 않는다면 태어나자마자 죽고 말겠지요. 일단 그 단계를 잘 넘기면 출생의 과정을 통과할 수 있습니다. 그렇게 세상에 태어남과 동시에 살아남아야 한다는 욕구와 죽음에 대한 공포도 함께 태어나는 것입니다. 갓난아기 때에는 그러한 공포가 항상 따라다닙니다. 살아남기 위해서는 누군가 우리를 돌봐 주지 않으면 안 된다는 사실을 알고 있기 때문이지요. 때문에 무력감을 느끼고 누군가 나를 보호해 주고 보살펴 주고 생존을 보장해 줄 누군가를 찾기 위해 온갖 방법을 동원합니다.

성인이 되고 난 후에도 근원적 두려움과 삶에 대한 욕구는 여전히 그대로 남아 있습니다. 그래서 혼자 남거나 내팽개쳐지는 것을, 또한 늙는 것을 두려워합니다. 그래서 인간관계에 집착하고 나를 보살펴 줄 사람에 집착하게 됩니다. 쉬지 않고 계속 일을 하는 이유도 그렇지 않고서는 살아남을 수 없다는 근원적 두려움에 기인한 것입니다. 이러한 두려움과 욕구는 선조들에게서 고스란히 물려받은 것임에 분명합니다. 우리 선조들은 기아와 전쟁, 추방 등으로 인해 직접적으로 고통을 받았고 생사를 넘나드는 수많은 역경들을 수천 년 넘게 견뎌 왔기 때문입니다.

두려움과 집착, 욕구가 불끈 고개를 들면 이를 제대로 인지하고 마음 다함의 과정을 통해 연민의 목소리로 미소 지으며 이렇게 말하면 됩니다.

"안녕, 두려움. 안녕, 집착. 안녕, 작은 아이야. 안녕하세요, 우리 선조들이여."

그리고 호흡에 맞추어 현재 우리가 있는 안전한 섬에서 그런 부정적 에너지를, 내 속의 조그만 아이와 선조를 느끼면서 안정감과 연민, 그리고 비공포의 에너지로 바꾸어 나가면 됩니다.

> *마음 다함을 통해 통찰력을 얻을 수 있어야만*
> *스트레스와 긴장을 낮추는 것이 가능해집니다.*

명상은 잠시 잠깐 고통을 멈추고 쉴 수 있는 일시적인 피신처가 아닙니다. 그보다 훨씬 값진 것이지요.

여러분이 하는 영적 수행은 고통의 근원과 일상생활의 방식을 완전히 뒤바꿀 강력한 힘을 가지고 있습니다. 불안감과 스트레스, 집착을 진정시키는 것이 바로 영적 수행을 통해 얻게 되는 통찰력이기 때문입니다. 이를 '통찰에 기반을 둔 스트레스 완화(insight-based stress reduction)'라고 부를 수 있습니다.

• • •

진정한 나를 찾아야 자유로워진다

이쯤에서 재미있는 이야기를 하나 들려드리겠습니다. 오래전 베트남의 한 정신병원에서 있었던 일입니다. 그 병원에는 마당을 자유롭게 활개치고 다니는 닭만 보면 무서워서 어쩔 줄 모르는 한 환자가 있었습니다. 그래서 닭이 보일 때마다 부리나케 도망 다녔지요. 어느 날 간호사가 그에게 물었습니다. "왜 그렇게 닭을 무서워하세요?"

그러자 젊은 환자는 혹시나 닭이 자신을 옥수수 알갱이로 보고 잡아먹을까 봐 두렵다고 대답했습니다. 그러자 의사가 그 환자를 진료실로 불러서 이렇게 말했습니다.

"자네는 사람이야. 옥수수 알갱이가 아니라네. 자네는 눈도 두 개고, 코도 있고 혓바닥도 있고 나처럼 사지가 멀쩡한 청년이 아닌가? 그러니까 옥수수하고는 완전히 달라. 자네는 사람이라는 걸 잊지 말게."

그러자 청년도 의사의 말에 고개를 끄덕였습니다.

의사는 환자에게 하얀 종이 위에 다음과 같은 문장을 계속해서

적으라고 지시했습니다. "나는 사람이다. 나는 옥수수가 아니다."

그러자 젊은 환자는 의사가 시키는 대로 그 문장들을 수도 없이 종이에 적어내려 갔습니다. 덕분에 상태가 많이 호전된 것처럼 보였습니다. 간호사도 그 환자를 볼 때마다 이렇게 물었습니다.

"당신은 누구인가요?"

그러자 환자는 대답했습니다.

"나는 사람입니다. 나는 옥수수가 아닙니다."

그 모습을 본 병원의 의료진들은 무척 기뻐했습니다. 그래서 병원에서 퇴원시키기 전에 마지막으로 진료 예약을 잡기로 했습니다.

환자가 마지막 진료를 위해 의사를 찾아가던 길에 우연히 닭과 또 마주치게 되었습니다. 그러자 환자는 걸음아 나 살려라 도망쳤지요. 간호사가 죽을힘을 다해 쫓아가서 그 환자를 겨우 붙잡았습니다. 그리고 숨을 헐떡거리면서 환자에게 이렇게 물었습니다.

"왜 도망치는 거예요? 대체 이유가 뭐지요? 지금까지 치료를 잘 받았잖아요. 이제 당신이 옥수수가 아니라 인간이라는 걸 잘 알고 있잖아요."

그러자 환자가 대답했습니다.

"맞아요. 나는 옥수수가 아니라 인간입니다. 하지만 저 닭은 제가 인간이라는 걸 모르잖아요."

우리 중 대부분은 겉으로 보이는 것을 더 중요하게 생각합니다. 정말 중요하다고 생각해서가 아니라 남들이 중요하다고 믿기 때문에 어떤 일을 하는 경우가 많습니다. 부처님을 위해 독송을 하고 불경을 외우는 것이 아니라 그저 그럴싸하게 보이기 때문에 독송을 하고 불경을 외웁니다. 성공이나 부, 지위를 쫓는 것도 그와 마찬가지입니다. 정말 중요하다고 생각해서가 아니라, 남들이 그런 모습을 기대하고 있기 때문에 무작정 성공을 쫓기 마련이지요. 하지만 이렇게 무의미한 것들을 쫓는 대가가 무엇인지 그 속에 어떤 낚싯바늘이 숨겨져 있는지 제대로 깨닫고 나면, 더는 무의미하게 목표를 향해 달리지 않게 됩니다. 나는 이미 모든 것을 충분히 가지고 있다는 통찰력을 얻었기 때문입니다. 그러면 더 이상 남에게 뭔가를 보여주지 않아도 되는 것이지요.

● ● ●

진정한 행복

우리 삶의 질과 진정한 행복은 외적인 요인이나 결과에 따라 결정되는 것이 아닙니다. 얼마나 돈을 많이 가졌는지 혹은 어떤 직업, 어떤 자동차, 어떤 집에 사는지에 따라서 좌우되는 것도 아니지요.

플럼 빌리지에 있는 승려들은 은행 계좌나 신용카드, 월급이 없는데도 불구하고 아주 행복하게 지내고 있습니다. 북미 사람들의 기준으로 보면 우리 모습이 정상적으로 보이지는 않겠지요. 하지만 단순하게 살며 다른 사람들을 도울 기회를 나누고 세상을 위해 헌

신하는 것은 매우 행복한 일입니다.

진정한 행복이란
연민과 이해를 가꾸어 가는 능력에 달려 있으며
이는 나아가 나 자신과 사랑하는 사람들의 삶을
풍요롭게 만들고 치유할 수 있습니다.

우리는 모두 사랑하고 사랑받아야 합니다. 이렇게 인간관계를 맺다 보면 내 감정의 공백을 채우기 위해 진실하고 아름답고 선한 상징을 필요로 하게 되지요. 그러다 보면 사랑에 빠지는 대상이 곧 집착의 대상으로 바뀌게 됩니다. 하지만 성적 욕망은 사랑과 같지 않으며, 집착으로 인해 맺어진 성적인 관계는 외로움을 없애 주지 못합니다. 오히려 더 큰 고통과 고독감을 만들어내기 쉽습니다. 여러분의 외로움을 치유하고 싶다면, 먼저 나 자신을 보듬는 방법을 배우고, 있는 그대로의 모습으로 존재하는 방법을 알아야 합니다. 그리고 내 속의 사랑과 수용 그리고 이해의 정원을 가꾸는 것이 먼저입니다.

일단 나 자신에 대한 사랑과 이해심을 키우고 나면 다른 사람에게도 똑같은 것을 권할 수 있겠지요. 하지만 스스로를 사랑하고 이해하지도 못하면서 어떻게 남이 나를 사랑하지 않고 이해하지 않는다고 원망할 수 있겠습니까? 자유와 평화, 사랑과 이해는 외부로부터 얻을 수 있는 것들이 아닙니다. 이러한 것들은 이미 우리 안에 존재하고 있기 때문입니다. 타인으로부터 사랑받고 이해받고 자유를 얻고 두려움을 떨치기 위해서는 먼저 나 자신을 깊이 들여다보고 마음이 하는 소리에 귀 기울이는 연습부터 해야 합니다. 집착의 대상을 무작정 쫓거나, 사랑하는 사람에게 집착하는 대신에 진실한 사랑을 가꾸고 내면의 사랑을 키우기 위해 시간을 투자해야 하는 것입니다.

> *진정한 친구는 평온함과 행복을 줄 수 있어야 합니다.*
> *나 자신에게 진정한 친구가 되고 싶다면*
> *먼저 내가 원하는 진정한 행복과 평온함을*
> *얻을 준비를 마쳐야 하는 것이지요.*

언젠가 사형선고를 받고 교도소에 수감 중인 재소자에게 편지 한 통을 써달라는 부탁을 받은 적이 있습니다. 조지아 주 잭슨의 주립 교도소에 수감된 다니엘이라는 친구였습니다. 19살에 범죄를 저질러 13년 동안 복역했다고 하니 소중한 청년기와 성인 시절을 교도소에서 보낸 셈이었지요. 얼마 후면 사형이 집행될 예정이라서 마지막으로 위안이 될 만한 편지를 보내주면 어떻겠냐는 제안을 받은 것입니다. 그래서 다음과 같이 짧은 글을 적어서 보냈습니다.

"당신 주변의 많은 이들이 분노와 미움, 절망에 빠져 있습니다. 그래서 신선한 공기와 푸른 하늘, 향긋한 장미의 향기를 맡을 기회조차 얻지 못하고 있지요. 그 자체로 또 다른 교도소에 갇힌 것이나 다름없습니다. 하지만 연민을 가지기 위해 수련하고 주변 사람들의 고통을 들여다보기 위해 노력한다면, 또 타인의 고통을 조금이라도 줄이는 데 일조한다면 비로소 당신은 자유의 몸이 되는 것입니다. 연민을 가지고 살아가는 24시간이 교도소 밖에서 보낸 2400시간보다 더욱 값진 시간입니다."

우리가 얼마나 오래 살았는지는 중요하지 않습니다. 중요한 것은 어떻게 살았냐는 것입니다.

• • •

쉼 없음

우리 모두 쉼 없이 사는 기분이 어떤 것인지 알고 있습니다. 편하고 안정된 기분과는 정반대의 것이지요. 이는 일종의 정신적 흥분 상태입니다. 잠시도 가만히 있지 못하니까요. 우리는 지금 일이 끝나면 정신없이 서둘러서 다음 일로 넘어갑니다. 지금 있는 곳이 어디든 간에 다음 목적지로 가야 한다는 생각을 염두에 두고 있지요. 심지어 잠을 자면서도 쉬지 못합니다. 어떠한 자세로 누워 봐도 안락함을 느끼지 못하기 때문입니다. 항상 뭔가를 찾으려고 하고 얻기 위해서 노력하지만, 사실 그 대상이 뭔지는 우리 자신조차 알지 못합니다. 냉장고 문을 열고, 휴대폰을 확인하고, 신문을 살피고, 뉴스를 듣는 것과 같은 모든 행동들이 내 속의 외로움과 고통을 잊기 위한 것들입니다.

어떤 경우에는 직장이 일종의 피신처 노릇을 할 때도 있습니다. 돈이 필요해서도 아니고 진짜 일이 좋아서도 아닙니다. 그저 정신 없이 일을 하면서 마음속의 고통을 잠시나마 잊고 싶은 것입니다.

직장에서 좋은 성과를 올리면 잠시나마 마음의 위안을 얻는 것 같지만, 실제로는 일에 중독되어 있는 것과 같습니다. 영화를 보고 TV 드라마를 시청하고, 인터넷을 검색하고 게임을 하고 몇 시간이나 음악을 듣기도 합니다. 이러한 것들이 우리 기분을 위로하는 데 도움이 된다고 생각하겠지만, TV를 끄는 순간 비록 예전보다 더 하지는 않더라도 다시 예전과 똑같아집니다. 그렇게 시간이 흐르면서 휴대폰을 만지작거리고 컴퓨터를 보며 다른 세계에 몰두하는 것이 하나의 습관처럼 굳어지게 되겠지요. 이 모든 것이 살아남기 위한 방편인 셈입니다. 하지만 그저 살아남는 것만으로는 부족합니다. 우리가 원하는 것은 잘 사는 것입니다.

그럴 때는 여러분의 습관 에너지가 무엇인지 진지하게 살펴보는 것이 도움이 됩니다. 가령 TV를 켠다고 하면, 정말 그 프로그램이 볼 만한 가치가 있는지 고민해 봐야 합니다. 음식을 먹을 때에도 내가 정말 배가 고픈가 생각해 보세요. 대체 무엇으로부터 도망치려고 하는 건가요? 여러분이 정말로 원하는 것은 무엇입니까?

우리 영적 수행의 몸에서 나오는 마음 다함의 에너지는 내 마음 속의 감정이 어떤 것이며 왜 우리를 도망치게 만드는지 파악하는 데 도움이 됩니다. 일단 의식적 호흡으로 제대로 무장을 하고 나면 어디로 도망치지 않아도 된다는 사실을 깨닫게 됩니다. 고통스러운 감정을 억지로 억누를 필요도 없습니다. 내 마음속에서 어떤 일이 벌어지고 있는지 제대로 파악하고, 잠시 쉬어갈 수 있는 기회를 만들면 나 자신의 감정을 보듬고 우리 자신을 진심으로 돌볼 수 있습니다.

> 우리 모두 나 자신과 사랑하는 사람, 그리고 지구와
> 다시 소통할 수 있는 여유를 가질 필요가 있습니다.

우리 안에 존재하는 우주적 몸 그리고 지구와 다시 소통한다면 매 순간 우리를 지탱해 줄 것입니다. 우리는 모두 근원적인 치유를 필요로 합니다. 의식적 호흡을 통해서 우리 몸과 마음을 집중할 때마다, 고독과 소외감의 감정들이 불식되고 스스로를 완전히 치유할 수 있는 기회를 얻을 수 있습니다.

> 평온한 상태로 앉는 것, 호흡하는 것, 걷는 것은
> 누구나 가능합니다.
> 일상 속에서 마음 다함을 수련한다면
> 평온을 유지하는 기술을 배울 수 있습니다.

• • •

수행법 : 휴식의 기술

유난히 힘든 하루를 마치고 집에 돌아왔을 때, 곧바로 평화롭고

자유롭고 행복한 순간을 만들어내는 것도 얼마든지 가능합니다. 단 몇 분 만이라도 몸과 마음을 편히 쉴 수 있도록 하면 되니까요. 지금 당장 실행에 옮겨 보는 건 어떨까요? 십 분 정도만 시간을 내어 보세요.

먼저 최대한 조용하고 방해를 받지 않을 공간을 찾습니다. 자리에 앉거나 누운 상태로 주변을 정리하고 최대한 편한 자세를 유지해 보세요. 그리고 나서 모든 정신을 몸에 집중합니다. 그리고 다음에 소개하는 내용을 천천히 읽거나 한 번에 쭉 읽은 다음에 그대로 따라하면 됩니다. 친구와 함께 서로서로 도와가면서 휴식의 기술을 익혀 보는 것도 좋습니다.

먼저 모든 정신을 호흡에 집중하고 들이쉬는 숨을 느낍니다. 호흡과 함께 복부가 팽창하는 것을 느낍니다. 그리고 내쉬는 숨에 호흡과 함께 복부가 다시 수축하는 것을 느껴 봅니다. 이때 들이쉬는 호흡에 몸속에 들어온 공기가 내쉬는 호흡과 함께 모두 빠져나가도록 해야 합니다. 복부가 수축하고 팽창하는 것에 최대한 집중하기 위해서 낮은 목소리로 "올라온다" 그리고 "내려간다"라고 말해 보는 것도 좋습니다. 이렇게 호흡을 따라가다 보면 걱정과 근심으로부터 자유로워지고 여러분의 몸이 진정한 휴식을 취할 수 있게 됩니다.

나의 호흡과 몸을
제대로 인지하기 위해서는 연습이 필요합니다.
이렇게 몸과 마음이 다시 하나가 되면
나 자신과 온전한 조화를 이룰 수 있습니다.

숨을 들이마실 때에는 어떤 자세이든 머리끝부터 발끝까지 온몸을 느끼도록 합니다. 숨을 내쉴 때에는 여러분의 몸을 향해서 미소를 지어 보이세요. 반드시 진심이 담긴 미소여야 합니다.

이 단계에서부터 어깨나 가슴, 팔이나 손이 긴장되거나 거부 반응이 올 수도 있습니다. 몸을 천천히 움직이고 스트레칭하면서 긴장을 풀도록 합니다. 들이쉬는 숨과 내쉬는 숨을 계속하면서, 머리를 양옆으로 움직이고 부드럽게 척추를 펴 보는 것도 좋습니다. 가슴이나 복부, 팔이나 손이 아직 뻣뻣하다면 최대한 긴장을 풀도록 노력해 보세요. 이렇게 온몸이 완전히 편안한 상태로 유지되도록 합니다. 마시는 숨에 차분함을 느낍니다. 내쉬는 숨에 편안함을 느낍니다. 미소를 지으며 안면 근육이 이완될 수 있도록 합니다. 얼굴에 있는 수십 개의 근육들이 서서히 이완되도록 편한 표정을 지어 보세요.

의자나 바닥에 닿는 몸 구석구석의 느낌을 그대로 느껴 보도록 합니다. 발바닥, 발뒤꿈치, 바닥에 닿은 다리 뒷부분, 엉덩이, 등, 두 팔과 다리 그리고 어깨와 머리까지. 숨을 내쉬면서 긴장을 풀고 지구가 온몸의 무게를 느낄 수 있도록 합니다.

몸의 소리에 귀를 기울이세요. 자애심과 자비심, 그리고 다정함으로 나의 몸을 안아 보세요. 몸속의 내장 기관을 향해 사랑과 치유의 에너지를 보내고, 내 몸 속의 모든 것들이 조화를 이루고 있음에 감사함을 가져 봅니다. 온몸 구석구석에게 사랑과 감사의 마음을 가집니다. 내 몸속의 모든 세포들에게 미소 지어 보세요. 내 몸과 다시 소통해 봅니다. 조화를 이루는 것이지요.

"나의 몸아, 그동안 너무 힘들게 해서 미안해. 제대로 돌보지도 못 했어. 나 때문에 스트레스와 긴장, 통증이 쌓였겠지. 이제 긴장을 풀고 편히 쉬어도 돼."

나 자신에게 미소를 짓습니다. 몸에게도 미소를 지어 보세요. 여러분 주변으로 보이는 푸른 하늘과 하얀 구름, 그리고 반짝이는 별들을 살펴보도록 합니다. 우리가 사는 지구는 우리를 부드럽게 포옹해 주고 있습니다. 그렇게 완전한 휴식의 상태를 유지합니다. 당장 해야 할 일도 없고 가야 할 곳도 없습니다. 여러분이 원하는 모든 것은 바로 지금 이곳에 있습니다. 그러니 웃어 보세요.

휴식은 여러분의 몸과 마음에 진정한 행복을 가져옵니다. 이런 식으로 하루 십 분씩만 긴장을 풀어주면, 머리가 개운해지고 편해져서 하루를 시작할 수 있는 에너지를 얻을 수 있습니다.

• • •

마음 다함은 행복의 근원

여러분은 행복하십니까? 하루하루 성취감을 느끼며 살고 있나요? 지금 행복하지 못하다면 언제쯤 행복해질 수 있을까요? 행복이란 미래로 잠시 미루어 둘 수 있는 것이 아닙니다. 지금 이 순간에 행복해지기 위해서 나 스스로가 노력해야 하는 것입니다. 평화와 기쁨, 그리고 행복을 얻고 싶다면 지금 여기서도 충분히 가능합니다.

마음 다함을 통해 살아가는 순간들을 행복하고 전설적인 순간으로 만드는 기술을 배울 수 있습니다. 이는 우리가 행복을 위한 모든 조건을 이미 갖추고 있다는 사실을 깨닫는 기술이기도 하지요. 동시에 우리의 고통을 다른 모습으로 바꾸어주는 기술이기도 합니다. 고통과 행복은 함께하는 것이기 때문입니다. 우리가 가진 행복의 조건을 인지하고 행복한 순간을 가꾸는 것을 통해서 우리 고통을 껴안고 어느 정도 감소시킬 수 있습니다. 즐거움의 씨앗에 물을 뿌리고 잘 사는 법을 익히면 얼마든지 고통을 다른 모습으로 바꿀 수 있습니다.

> 지금 이 순간이 행복한지 아닌지는
> 전적으로 여러분에게 달려 있습니다.
> 이 순간 행복을 만드는 것은
> 상황 자체가 아니라 바로 나 자신이기 때문입니다.
> 마음 다함과 명상, 통찰력을 가지면
> 그 어떠한 순간도 행복한 순간으로 바꿀 수 있습니다.

삶의 질은 지금 이 순간 행복에 이르는 모든 조건들이 갖추어져 있음을 인지하는 태도에 달려 있습니다. 여러분은 살아 숨 쉬고 있습니다. 두 다리로 걸을 수도 있지요. 세상을 보는 아름다운 눈도 있습니다. 그저 눈을 크게 뜨고 내 주변을 감싸고 있는 온갖 아름다운 색과 형태를 즐기기만 하면 됩니다. 바다의 가장 밑바닥에 사는 굴은 낮에 보이는 푸른 하늘과 밤에 보이는 별들의 향연을 평생 동안 보지 못하고 삽니다. 파도가 넘실거리는 모습도 바람이 부는 소리도 새들의 노랫소리도 듣지 못하지요. 우리는 이 모든 것들을 보고 듣고 느낄 수 있습니다. 한 번이라도 이러한 자연에 귀 기울인 적이 있습니까? 마음 다함은 바로 여기 이곳에서 삶의 놀라움을 인지하고 느낄 수 있도록 도와줍니다.

행복이란 택배 상자에 고이 넣어
배달되는 물건이 아닙니다.
행복이란 하늘에서 뚝 떨어지는 것도 아닙니다.
행복이란
마음 다함을 통해서 서서히 키워나가는 것입니다.

종이 한 장을 준비해서 조용한 곳에 자리를 잡고 앉아 봅니다. 공원이나 나무 그늘, 혹은 여러분이 가장 좋아하는 장소도 괜찮습니다. 그리고 나에게 주어진 행복의 조건들을 하나씩 적어 보세요. 한 페이지로는 부족할지도 모릅니다. 두 장, 세 장, 혹은 네 장이 넘어갈 수도 있겠지요. 그렇게 적다 보면 여러분이 얼마나 행복한 사람인지 깨닫게 될 것입니다. 여러분은 이미 행복의 조건을 충분히 갖추고 있습니다. 그러니 내가 가진 행복에 감사하고 즐거움을 마음껏 누리도록 하세요.

· · ·

지금 여기서 행복하기

부처님이 생존해 있던 당시, 아나타삔디카(Anathapindika, 급고독장자, 給孤獨長者)라는 너그럽고 성공한 사업가가 살고 있었습니다. 그는 주변 사람들에게 많은 존경을 받았고 '고독한 이들에게 보시를 많이 한 부자'라는 뜻에서 '아나타삔디카'로 불렸습니다.

어느 날 아나타삔디카가 몇 백 명이나 되는 사업가들을 데리고 부처님의 독경을 들으러 찾아왔습니다. 부처님은 바로 지금 여기서 행복하게 살 수 있다고 말씀하셨지요. 아마도 그 자리를 찾은 사업가들 대부분이 다가올 미래에 사업 성공을 하면 모든 것이 가능해질 거라고 믿고 있었을 겁니다. 부처님은 '현재의 순간을 행복하게 사는 것'의 중요성을 다섯 번이나 강조하셨습니다. 더 많은 행복의 조건을 갖추기 위해 굳이 미래까지 기다릴 필요가 없다는 점을 몇 번이고 강조하신 것입니다. 행복해지기 위해서 반드시 성공해야 하는 것은 아닙니다. 삶이란 지금 현재에만 누릴 수 있는 것이고, 우리는 모두 지금 이 순간 행복해질 수 있는 조건들을 갖추고 있습니다. 따라서 현재 내가 가진 것에 만족하기 위해서 정신을 집중하는 연습을 해야 합니다.

> 우리가 사는 시대에 가장 필요로 하는 것은
> 지금 이 순간에 만족하며 행복하게 사는 연습입니다.

● ● ●

최고가 되는 것

대부분의 사람들은 성공하기를 원합니다. 내가 일하는 분야에서 최고가 되기를 바라지요. 누구나 일인자의 자리에 오르고 싶습니다. 최고가 되면 행복해질 수 있다고 믿기 때문입니다. 하지만 어느 분야에서 최고가 되기 위해서는 모든 시간과 에너지를 일에 쏟아야만 합니다. 가족, 친구들과 보내야 하는 소중한 시간을 희생하고 어쩌면 나 자신과의 시간까지 모두 희생해야 할 것입니다. 아마도 건강까지도 희생해야 할 수도 있습니다. 결국 최고가 되기 위해서 나자신의 행복을 모두 희생해야 하는 셈입니다. 행복까지 희생해야한다면 대체 최고가 되어야 하는 이유는 무엇입니까?

둘 중 하나를 선택해야 합니다.
최고가 될 것인가, 아니면 행복해질 것인가?
성공을 위해 희생할 수는 있겠지요.
하지만 절대로 행복을 위해 희생해서는 안 됩니다.

행복을 위한 길을 추구하다 보면, 내가 일하는 분야에서 성공하는 것이 행복이라고 착각하기 쉽습니다. 스스로 더욱 행복해지고 내면의 평화를 얻게 되면 일은 자연스럽게 잘 풀리게 됩니다. 그러기 위해서는 무엇보다 행복을 최우선 순위에 놓아야 합니다.

일단 지금 내 모습을 인정하고 나면 더욱더 행복해질 수 있습니다. 행복해지기 위해서 어떤 사람 혹은 어떤 지위에 오르지 않아도 되는 것이지요. 마치 장미가 행복해지기 위해서 연꽃이 되지 않아도 되는 것처럼 말입니다. 장미는 지금 그 모습 자체로도 충분히 아름답습니다. 여러분 역시 지금 그 모습 자체로 충분히 아름답습니다.

• • •

매 순간이 빛나는 보석이다

어느 겨울 아침, 플럼 빌리지에서 설법을 하기 전에 잠시 오두막에서 준비를 하고 있었습니다. 십 분 후면 명상 강당으로 가서 설법을 해야 했습니다.

십 분이라는 시간은 시간을 보내는 사람에 따라서 긴 시간이 될 수도 짧은 시간이 될 수도 있습니다. 법복을 챙겨 입고 욕실로 가서 세수를 했습니다. 그리고 세면대로 가서 물이 한 방울씩 떨어지도록 했습니다. 얼음처럼 차가운 물이 똑똑 떨어졌습니다. 마치 차가운 눈이 녹아 손바닥 위에 떨어지는 기분이 들었지요. 어찌나 싱그럽고 시원한지 정신이 번쩍 들더군요. 차가운 물을 손바닥에 담아서 얼굴에 바르고 그 싱그러움과 시원함을 피부로 느껴 보았습니다.

문득 저 멀리 히말라야 산맥의 정상에 내린 눈이 내가 사는 오두막에 닿을 때까지 수천만 킬로미터의 길고 긴 여정을 했음을 깨달앉습니다. 그렇게 돌고 돌아서 내 볼과 이마, 눈을 촉촉이 적시게 된 것이지요. 눈앞에 하얀 눈으로 덮인 히말라야 꼭대기가 펼쳐지는 것만 같았습니다. 차가운 물속에 하얀 눈송이가 녹아 있음을 느끼면서 나는 미소를 지었습니다.

잠시 후면 설법을 해야 한다는 생각 같은 건 하지 않았습니다. 앞으로 어떤 일이 있는지는 중요치 않습니다. 현재 내가 사는 순간 속에서 행복하고 차가운 산꼭대기에서 흘러 내려 내 얼굴에 와닿은 시원한 물줄기를 느끼는 것이지요.

오두막에 홀로 있었지만 빙긋 미소를 지었습니다. 어차피 혼자 있어서 보는 사람도 없으니 억지로 미소를 꾸밀 필요도 없었습니다. 겉옷을 걸치고 오두막 밖으로 나와 강당으로 향했습니다. 길을 걷는데 잔디 위로 아침 이슬이 맺힌 모습이 너무나 아름다워 보였습니다. 걸음을 옮기면서 잔디에 맺힌 이슬방울들이 내 얼굴에 닿은 차가운 물방울과 많이 닮아 있다는 것을 깨달았습니다.

우리는 어디를 가든지 히말라야 산맥의 눈송이들과 쉽게 만날 수 있습니다. 세수를 할 때, 아침 안개를 헤치고 걸으며 이슬을 맞을 때, 고개를 들고 하늘과 구름을 볼 때, 이렇게 어디서든 차가운 눈송이들을 만날 수 있지요.

우리 몸의 70%는 수분으로 이루어져 있습니다.
결국 우리 몸의 70%가 눈이라는 뜻입니다.

살아가면서 영적인 부분은 반드시 필요합니다. 마음 다함을 통해서 우리는 주변의 아름다움과 시(詩)를 보고 느낄 수 있습니다. 삶의 수많은 기적들을 볼 수도 있지요. 나아가 우주적인 몸에 깊이 닿을 수도 있습니다. 그러므로 우리가 사는 매초, 매분, 매시간이 빛나는 보석입니다.

● ● ●

시간이 곧 인생이다

아침에 눈을 떴을 때, 여러분은 하루를 어떻게 시작할지 스스로 선택할 수 있습니다. 기왕이면 미소로 하루를 시작할 것을 권하고 싶습니다. 왜 웃어야 할까요? 여러분은 살아 있고 앞으로 24시간이라는 새로운 시간이 눈앞에 펼쳐져 있기 때문입니다. 새로 시작되는 하루는 여러분에게 주어진 선물과도 같습니다. 이 시간을 축복하고 진지하게 살겠다고 다짐해 보세요. 나에게 주어진 시간을 낭비하지 않겠다고 다짐해 보세요.

우리가 살아가는 하루하루는 수많은 기적 같은 행동들의 연속입니다. 걷고 숨 쉬고 아침을 먹고 또 몸을 깨끗하게 단장하기도 합니다.

삶의 지혜란 내게 주어진 시간 속에서 행복을 만들어낼 수 있는 기술을 익히는 것입니다. 누구도 우리에게 행복을 만들어 주지 못합니다. 스스로 행복을 만들어야 하는 것이지요. 마음 다함과 감사한 마음을 통해 우리는 언제 어디서든 행복해질 수 있습니다.

양치를 하더라도 마음 다함의 태도로 양치에 집중해 보세요. 그저 온 정신을 양치를 하는 행위에 집중하면 됩니다. 양치를 하는데 걸리는 시간은 고작해야 몇 분이지만, 그 순간조차 행복과 자유로 바꿀 수 있습니다. 양치를 하기 위해 사용하는 시간은 낭비하는 시간이 아닙니다. 그 또한 삶의 일부이니까요. 그저 해야 하니까 하는 것이라는 식으로 무심코 흘려보내지 마십시오. 의식적으로 양치를 하는 칫솔질에 집중해 봅니다. 너무 서두르지 않아도 됩니다. 편한 마음으로 양치질에 집중하세요.

이렇게 양치질 하나에도 몸과 마음을 집중하면, 현재의 순간 속에서 삶을 깊이 있게 사는 것을 배울 수 있습니다.

제 경우에는 양치를 할 때마다 이렇게 늙은 나이에도 양치를 할 치아가 남아 있다는 사실에 기쁨을 느낍니다! 이러한 사실을 느끼는 것만으로도 행복을 느낄 수 있습니다. 여러분들이 양치를 하는 순간에도 감사함을 느낄 수 있다면 그것 자체로 행복 아닐까요?

화장실에 가더라도 마찬가지입니다. 우리는 삶이라는 강물의 일부입니다. 우리가 배출하는 배설물은 우리에게 모든 것을 내어준 지구로 다시 돌아가게 됩니다. 마음 다함은 이렇게 일시적인 행위들조차도 신성한 행위로 만들어 줍니다.

설거지를 하거나 손을 씻거나 혹은 버스 정류장에서 버스를 기다리면서, 우리는 어디서든 나에게 주어진 시간들을 의식적으로 감지하고 감사함을 느낄 수 있습니다.

음식을 먹을 때도 그 순간에서 기쁨을 느껴 보세요. 마음 다함과 명상, 그리고 통찰력을 가지면 음식을 먹는 순간조차 특별한 것으로 바꿀 수 있습니다. 당장 먹을 것이 있다는 것이 얼마나 행복한 일입니까?

우리가 먹는 빵 하나, 쌀 한 톨 모두
우주가 우리에게 준 선물과도 같습니다.

보통은 식사를 하면서 뭘 먹는지도 인지하지 못한 상태로 입속에 우겨 넣는 일이 많습니다. 지금 이 순간에 집중하지 못하니까요. 마음 다함과는 너무나 거리가 먼, 그러니까 다른 곳에 정신이 팔려 있기 때문이겠지요. 때로는 음식이 아니라 눈앞의 걱정거리와 프로젝트를 먹는 게 아닌가 싶을 때도 있습니다.

식사를 할 때는 지금 내가 먹는 음식의 맛을 온전히 느끼고 내 앞에 있는 음식과 주변에 있는 사람들에게 집중해야 합니다. TV나 라디오도 끄고 휴대폰이나 신문처럼 주의를 산만하게 만드는 것들은 치워 버리도록 하세요. 이렇게 먹는 행위에 몸과 마음을 집중하면 음식을 통해 내 몸이 풍요로워질 뿐만 아니라 그 순간의 평화와 행복, 그리고 자유를 만끽할 수 있습니다.

자아를 찾아가는 여정

인생을 살다 보면 엄청난 어려움이나 난관에 부딪힐 때가 있습니다. 그럴 때에는 단순한 삶의 기쁨조차 느끼기가 쉽지 않습니다. 그래서 이렇게 자문하게 되지요.

"왜 이런 일이 나에게 닥친 것일까?"

큰 병에 걸리거나 사랑하는 사람이 아플 때 혹은 세상을 떠났을 때에 이런 의문이 듭니다. 정말로 감당하기 힘들만큼 절망의 늪에 빠지면 삶이 아무런 의미가 없는 것처럼 느껴지기 쉽습니다.

그런 순간에도 우리는 행복을 키우고 나 스스로를 보살필 수 있습니다. 비록 잘 사는 것까지는 아니라도 나에게 주어진 시간 속에서 단 오 분, 십 분 내에 행복을 배가시킬 수 있다는 뜻입니다. 그것만으로도 큰 의미가 있습니다.

명상을 하는 것은 삶의 의미를 찾는 데에 도움이 될 뿐만 아니라 나 자신을 치유하고 돌보는 역할까지 해줍니다. 이를 통해서 삶의 의미가 무엇인지 깨달을 수 있고, 중요하지 않은 것이 무엇인지도 알 수 있습니다.

> 나 자신을 진심으로 보살피고 치유할 수 있다면
> 하루하루 삶의 의미를 더 깊이 헤아릴 수 있습니다.

'경안(輕安)'이라고 불리는 마음 작용(行, mental formation)이 있습니다. 조용한 산, 호수의 고요한 물처럼 평화롭고 평온하고 걱정이 없는 상태에 이르는 것이지요. 이처럼 마음이 평안하지 않은 상태에서는 행복할 수도 나 스스로를 치유하고 보살필 수도 없습니다. 이처럼 평온한 상태는 그 어떤 목표보다 높고 또 소중한 것이라고 할 수 있습니다.

누구나 경안하고 또 차분한 상태에 이를 능력을 가지고 있습니다. 하지만 여러분 스스로 경안을 얻기 위해 노력하지 않는다면 그 능력은 쉽게 발현되지 못합니다. 몸과 마음이 편하고 안정되어 있을 때 경안함을 느낄 수 있습니까? 삶 속에서 이런 경안함을 더욱 자주 만들어낼 수 있을까요?

즐거움과 평화로움 속에서 들이쉬는 숨과 내쉬는 숨에 집중하다 보면 이러한 경안함을 느낄 수 있습니다. 호흡을 하면서 즐거움과 행복, 평화로움을 느낄 수 있을 때 뜀박질을 멈추고 현재의 순간에 닿을 수 있기 때문입니다. 그러면 자연스럽게 치유도 이루어지겠지요. 하지만 호흡을 하면서도 여전히 뭔가를 갈구한다면, 그것이 건강이나 자기 조절이라고 해도 여전히 뜀박질을 하고 있는 것이나 마찬가지입니다. 우리 스스로가 온몸으로 평화를 느끼고 경안에 이를 수 있도록 노력해야 합니다.

• • •
수행법 : 좌선의 기술

몸을 똑바로 세우고 앉는 기술을 익히는 것만으로도 평안함을 느끼고 긴장을 풀 수 있습니다. 이를 위해서는 어느 정도 연습이 필요합니다. 그렇지만 연습만 하면 누구나 가능합니다. 여러분 모두 고요함을 경험하고 평화로움을 얻을 수 있는 능력을 갖추고 있기 때문입니다. 우리가 가지고 있는 부처의 몸이 이런 고요함과 평화로움을 느낄 수 있도록 기회를 주기만 하면 됩니다.

사실 대부분의 사람들은 가만히 앉아 있으라고 하면 불덩이 위에 앉은 것처럼 어쩔 줄 몰라 하기 일쑤입니다. 하지만 어느 정도의 수련을 통해서 불안해하는 몸과 마음을 능숙하게 단련하고 평화로움 속에서 좌선을 행할 수 있습니다.

일단 긴장이 풀리고 편안한 상태가 되면 치유와 웰빙은 자연스럽게 따라오게 되어 있습니다. 또한 어디에서 좌선을 하더라도 마치 봄바람이 살랑살랑 부는 싱그러운 풀밭 위에 앉은 기분을 느낄 수도 있지요.

그렇다면 왜 좌선을 하는 거냐고 묻고 싶은 분들도 있을 겁니다. 좌선을 하면 기분이 좋기 때문입니다. 기분이 좋아지지도 않는데 굳이 앉아 있을 필요는 없겠지요. 게다가 별로 힘든 일도 아닙니다.

가만히 앉아서 호흡을 하는 것만으로도 평온함과 행복 그리고 자유를 느낄 수 있습니다. 그저 자리에 앉아서 아무것도 하지 않는 것, 그 자체가 예술입니다. 비(非)행동의 예술인 셈이지요. 아무것도 하지 않아도 됩니다. 제대로 앉으려고 기를 쓰고 노력하지 않아도 됩니다. 애써 평온함을 느끼려고 버둥거리지 않아도 됩니다. 뜨거운 햇볕이 꽃을 비추듯이 그저 호흡에만 집중하면 됩니다.

햇볕은 으스대면서 꽃을 비추지도, 모습을 바꾸어가며 빛을 내지도 않습니다. 태양의 따사로움과 에너지가 자연스럽게 꽃 속으로 파고들 따름이지요. 여러분도 편하게 자리에 앉아서 들이쉬는 숨과 내쉬는 숨을 천천히 즐기기만 하면 됩니다.

물론 자세를 살짝 고쳐 보는 정도는 괜찮습니다. 등을 쫙 펴고 다리를 편하게 꼬고 어깨를 활짝 펴고 편한 자세를 유지한다면 더 쉽게 호흡을 할 수 있을 겁니다. 이렇게 좌선 자세를 취하는 것으로 자연스럽게 호흡을 유지하고 완전히 이완된 자세를 취할 수 있습니다. 긴장이 풀리지 않은 상태에서 치유란 불가능한 것입니다. 여러분 모두가 아무것도 하지 않은 상태에서 완전히 평안해지는 방법을 배워야 합니다.

좌선은 문명의 행위와 같습니다.
요즘 우리는 너무 바빠서 제대로 숨을 쉴 시간도 없습니다.
잠시만 자리에 앉아서
평화와 기쁨 그리고 자비심의 감정을 느껴 보세요.
바로 그것이 문명이며
무엇과도 바꿀 수 없이 소중한 것입니다.

그냥 아무것도 하지 않고 자리에 가만히 앉아 있기만 하면 됩니다. 별들이 가득한 은하계 속에서 움직이는 아름다운 행성 위에 앉아 있다는 사실을 깨닫고 나면 누구나 행복을 느낄 수 있습니다.

우리는 지구의 무릎 위에 앉아 있고 머리 위로는 셀 수 없이 많은 별들이 가득합니다. 이러한 사실을 깨달을 수 있다면 다른 무엇이 필요하겠습니까? 좌선을 통해 우주와 소통할 수 있으며 나아가 여러분의 행복도 무한대로 펼쳐져 있음을 느껴 보도록 합니다.

제 6 장

내려놓음

6장

내려놓음
변화와 치유

고통을 겪어내는 기술을 배우면
덜 고통받을 수 있다.
우리가 겪는 고통의 진흙을 통해
사랑과 이해심의 연꽃을 키우는 법을 배워야 한다.

　우리의 삶을 완벽하고 심도 깊게 살기 위해서는 용기가 필요합니다. 바로 지금 내가 있는 곳에서 행복하지 못하다면 스스로에게 그 이유를 자문해 봐야 하겠지요. 평화로움과 일상 속에서 우주의 놀라움을 느끼는 것이 힘들다면 무언가 방해물이 존재하고 있다는 뜻입니다. 따라서 그 방해물이 무엇인지부터 파악해야 합니다. 도대체 무엇이 여러분의 마음을 짓누르고 현재로부터 멀어지도록 만드는 것일까요?

　행복한 삶의 지혜란 우리가 느끼는 고통을 변화시키는 기술이기도 합니다. 정말 행복해지고 싶다면 우리의 행복을 가로막는 것이 무엇인지 제대로 파악할 필요가 있습니다. 잘 사는 길로 걸어가기 위해서는 불행의 길에서 빠져나와야 하기 때문입니다. 우리는 때로 고통을 느끼면서도 스스로 이를 인정하지 않으려고도 하고 남에게 숨기려고 하는 경향이 있습니다. 하지만 이러한 고통에 당당히 맞서야만 고통에서 벗어나 행복하게 살 수 있습니다.

명상가는
예술가이자 전사입니다.

따라서 창의력과 용기를 가지고 우리를 행복과 자유로부터 방해하는 요소들을 차단하는 것이 가장 중요합니다. 이러한 방해 요소들이 우리를 옭아매고 있습니다. 어쩌면 우리 자신뿐만 아니라 다른 사람들까지도 단단히 옭아매고 있는지도 모릅니다. 우리는 "나를 단단히 옭아매 줘!"라고 외치며 살고 있는지도 모르겠습니다. 따라서 우리 모두 명상으로부터 통찰력을 얻고 전사로서의 용기를 가져야 합니다. 그리고 통찰력과 용기를 가지고 우리를 꽁꽁 옭아매고 있는 밧줄과 방해 요소들을 용감하게 헤치고 나가려고 노력해야 합니다. 베트남과 중국의 선불교의 초대 스승으로 불리는 백장 선사는 이렇게 말했습니다.

"진정한 내려놓음은 영웅들의 행동과 같다."

나 자신을 자유롭게 놓아주기

어쩌면 우리는 온갖 프로젝트와 일 그리고 바쁘게 돌아가는 삶의 방식에 매인 채 살아가고 있는지도 모릅니다. 무언가에 대한 집착 혹은 불안감에 사로잡혀 있는지도 모르겠습니다. 아니면 슬픔과 분노, 두려움이라는 틀에 갇혀 있을 수도 있겠지요. 평생을 분노와 두려움이라는 밧줄에 묶인 채로 살아왔을 수도 있고 도저히 헤어날 수 없는 원한의 무게 속에 짓눌려 있을 수도 있고요. 누군가의 관계 속에서 미처 풀지 못한 오해들이 잡초처럼 무성하게 자라버렸을지도 모릅니다. 혹은 지위나 돈, 감각적 쾌락의 노예로 살아갈 수도 있겠지요. 이런 모든 것들은 여러분이 지금 현재라는 시간 속에서 행복과 평화 그리고 자유를 느끼지 못하도록 방해하는 요소들입니다.

스스로를 자유롭게 놓아주기 위해서는 용기와 결단이 필요합니다. 우리의 삶을 더욱 값진 것으로 만들고 나아가 깨달음을 얻기 위해서는 용기가 필요합니다. 온갖 스트레스와 잡무를 주어 여러분 자신과 사랑하는 사람들에게 무심해지게 만드는 갖가지 프로젝트에서 벗어나기 위해서는 뭔가 결단이 필요하겠지요. 나의 반려자와 친구 혹은 가족들과 단란히 앉아서 진정한 소통을 하기 위해서도 반드시 용기가 필요합니다.

우리를 옭아매는 것들이 무엇인지 파악해야만 그것들부터 자유로워질 수 있습니다. 그러기 위해서는 먼저 조용히 자리에 앉아서 나 자신에게 어떠한 것들로부터 방해받고 있는지를 자문해 봐야 합니다. 그저 밧줄에서 벗어나고 싶다고 바라는 것만으로는 부족합니다. 먼저 왜 그러한 요소들이 여러분을 옭아매고 있는지 파악해야만 진정한 자유를 얻을 수 있기 때문입니다.

여러분에게는 얼마의 시간이 남아 있습니까? 앞으로 남은 시간을 행복하고 완전히 살 기회를 얻기 위해서 무엇을 버리는 것이 중요할까요? 먼저 인생의 우선순위를 정하고 나면 지금까지 여러분을 따라다니던 불안함과 짜증, 불안과 후회를 놓아버릴 수 있습니다.

실제로 진정 자유롭게 사는 이들은 소수에 불과합니다. 우리는 너무 바쁘게 살아가고 있으니까요. 하지만 수백만 달러를 가지고 있는 사람이라고 해도, 또 유명하고 영향력이 뛰어난 사람이라고 해도 내적 자유가 없다면 진정 자유롭다고 말할 수 없습니다. 세상 사람들 모두가 바라는 것은 바로 자유로움이니까요.

행복에 대한 기준도 제각각입니다. 대부분 특정한 직업을 가지고 큰 집과 좋은 차, 혹은 멋진 반려자와 함께 살아가는 것이 행복을 좌우한다고 믿고 있습니다. 아니면 이것 혹은 저것만 제외하고 나면 진정 행복한 삶을 살 수 있을 것이라고 생각하지요. 혹자들은 어떤 정당을 지지하면 우리가 행복해질 것이라고 믿습니다.

하지만 이런 생각들은 우리가 만들어낸 허상에 불과합니다. 이러한 허상들을 놓아버리면 지금이라도 진정한 행복에 닿을 수 있습니다. 어쩌면 이러한 허상들이 우리로 하여금 진정한 행복에 닿지 못하도록 만드는 가장 큰 장애물일지도 모릅니다.

• • •

내려놓음

앞서 여러분은 자신이 가진 행복의 요소들을 종이 위에 적어 보는 시간을 가졌습니다. 이제는 조용한 곳으로 가서 앉은 다음, 새 종이를 꺼내서 여러분을 구속하고 있는 것들에 대해서 적어 보세요. 여러분이 생각하는 행복의 기준에 대해서 적어 보는 것도 좋습니다. 그냥 어떠한 것들을 내려놓으면 마음이 홀가분해질까 적어 보는 겁니다. 많이 내려놓을수록 더욱 홀가분하고 자유로워질 수 있습니다.

'내려놓음'은 즐거움과 행복의 근원이지만 큰 용기가 필요합니다. 여러분이 매우 복잡하고 공해로 찌든 도시에 살고 있다고 가정해 봅시다. 주말을 맞아 어디론가 떠나고 싶은 생각이 들겠지요. 마음은 어디론가 떠나고 싶지만 그것을 행동에 옮기기는 힘듭니다. 도시에서의 삶을 내려놓지 못하기 때문이지요. 도시에 발목이 잡혀 있기 때문에 아름다운 언덕과 숲, 해변과 산, 혹은 달과 별을 보지 못하고 사는 것입니다. 하지만 친구의 도움을 받아서 일단 도시를 떠나고 나면 곧바로 자유로움을 만끽할 수 있습니다. 드넓은 수평선을 바라보며 신선한 바람을 쏘이고 나면 거짓말처럼 기분이 좋아질 테니까요. 바로 이것이 내려놓음의 즐거움이며 나를 옭아매는 것들로부터의 결별을 통한 기쁨입니다.

• • •

고통을 변화시키기

때로는 행복을 가로막는 걸림돌이 쉽게 내려놓을 수도, 그렇다고 돌파할 수도 없는 애매한 요소인 경우도 있습니다. 깊은 슬픔이나 절망의 감정이 마음속에 뿌리를 내린 경우에는 전사로서의 용기와 고통을 변화시키는 기술을 갖춘 예술가가 되어야 합니다. 이런 경우 우리 안의 부처의 몸이나 영적 수행의 몸속에 휴식을 취하면서, 공동체의 몸의 도움을 받을 수 있겠지요.

1954년, 제 고향 베트남의 북쪽과 남쪽이 서로 분열되었습니다. 전쟁은 하루가 다르게 극도로 치달았고 도무지 끝이 보이지 않을 정도로 오랫동안 이어졌습니다. 그로부터 몇 해 뒤에 어머니마저 세상을 떠나게 되셨지요. 견디기 힘들 정도로 고통스러운 시간이었기 때문에 저 역시 절망의 늪에 빠져들게 되었습니다. 의사가 어찌할 수 있는 일이 아니었지요. 그런데 의식적 호흡과 걷기 명상의 수련을 통해서 당시의 절망스러운 상황을 치유할 수 있었습니다.

당시 경험을 통해서 의식적 호흡과 걷기 명상이 절망과 분노, 두려움을 극복하는 데 도움이 된다는 것을 깨달았습니다. 명상 속에서 걸음을 옮기고 호흡을 하는 것만으로도 치유가 가능했으니까요. 지금 절망의 늪에 빠져 있다면 진심을 다해 마음 다함의 호흡과 걷기를 실행에 옮겨 보시기 바랍니다. 딱 일주일만 수행을 하더라도 고통을 치유하고 안도감을 경험할 수 있습니다. 절대 포기하지 마세요. 계속해서 호흡과 걷기에 몰두하려고 노력해야 합니다. 여러분 안에 대담함과 인내심이라는 자질이 내재되어 있다는 사실을 믿으려고 애써 보세요. 여러분이 가진 깨달음과 연민의 씨앗이 고통에서 벗어나는 데 도움을 줄 것입니다.

개인적인 위기에 직면하거나 절망으로부터 고통을 느낄 때, 우리는 삶 자체가 문제라는 생각에 빠져들게 됩니다. 이 몸뚱이를 벗어 던지고 나면 더 이상 고통받지 않을 거라고 생각하게 되는 것이지요. 속세의 번뇌를 벗어던지고 고통이 없는 곳으로 떠나고 싶다는 생각까지 듭니다. 하지만 죽는다고 해서 고통이 사라지는 것은 아닙니다. 생과 사는 겉으로 보이는 것과 다르기 때문입니다.

"죽느냐 사느냐, 그것은 문제가 아닙니다!"

속제(俗諦, 분별과 차별로써 인식한 진리)의 단계에서는 생과 사를 구분할 수 있지만, 진제(眞諦, 열반 세계를 향한, 적멸(寂滅)의 진리)의 단계에서는 생과 사는 더 이상 문제가 되지 않습니다. 공(空)과 무원(無願), 그리고 무상(無相) 또 우리의 여덟 개의 몸에서 배운 것처럼 우리라는 존재는 육신을 훨씬 넘어서는 것이기 때문입니다. 우리의 육신을 벗어날 수 있는 동떨어진 자아란 존재하지 않으며, 따라서 육신을 벗어난다고 해서 완벽하게 축복받은 고통이 없고 자유로운 곳으로 갈 수 있는 것도 아닙니다.

> 평화와 자유 그리고 행복은
> 고통을 변화시킬 수 있는 지혜를 얻었을 때
> 지금 현재의 삶 속에서 찾을 수 있습니다.

따라서 우리가 가진 몸과 살아 있음에 감사하고 고통을 치유하고 변화시킬 수 있는 기회를 얻었음에 고마워해야 합니다. 이를 통해 진정한 행복에 닿을 수 있으며 삶의 기적을 느낄 수 있기 때문입니다. 이러한 치유와 변화를 위해 무엇을 하든지 이는 더욱 아름다운 연속적인 몸을 위하는 길일 뿐만 아니라 우리의 선조들을 위하는 것이기도 합니다.

• • •

누가 고통받고 있습니까?

감당하기 힘들 정도로 절망이 깊어지면 그 고통이 나만의 것이고 나의 몸이 나 자신이고 또 나에게 속한 것이라는 생각부터 떨쳐 버려야 합니다. 어울려 존재함과 무아의 통찰이 도움이 될 것입니다.

동떨어진 자아를 가지지 않았다고 해서 우리가 고통받지 않는다는 의미는 아닙니다. 그저 고통받을 만한 상황들이 갖추어지면 자연스럽게 절망에 빠져들게 되는 것이지요. 그러면 있는 그대로 느끼고 경험할 따름입니다. 그리고 상황이 바뀌면 자연스레 고통은 사라집니다. 우리가 느끼는 고통 역시도 무상(無常)한 것이니 정말 다행스러운 일이지요. 따라서 고통을 감내하는 개별적인 독립체가 될 필요가 없습니다.

사실 참을 수 없을 정도로 고통이 극대화되면 그 고통이 우리만의 것이 아니라는 점을 확신하게 됩니다. 이는 부모님, 조부모님, 나아가 선조들로부터 이어져 내려온 것일 수도 있습니다. 오래전 선조들은 자신의 고통과 괴로움을 변화시킬 수 있는 방법을 미처 알지 못했기 때문에 그렇게 대대로 이어져서 여러분에게까지 이어진 것이겠지요. 어쩌면 여러분은 고통을 알아차리고 변화시킬 수 있는 가르침과 수행의 방식을 처음으로 배우게 되는 사람인지도 모릅니다.

> *고통을 변화시키는 방법을 터득했을 때*
> *이는 우리 자신만을 위한 것이 아니라*
> *우리의 선조와 후손을 위하는 것이 됩니다.*

이처럼 여러분의 고통을 변화시키는 것이 여러분 자신뿐만 아니라 선조들을 위한 것이라는 점을 염두에 둔다면, 아무리 어려운 순간이 닥쳐도 용기와 힘을 얻을 수 있을 것입니다. 나아가 미래를 위해서 더 좋은 연속적인 몸을 단련하는 것이기도 할 테지요.

우리의 몸은 사적인 소유물이 아니라 하나의 집합체와 같습니다. 우리 선조로부터 이어진 것이기 때문입니다. 우리 몸에는 어머니와 아버지, 조국과 민족, 문화와 온 우주가 담겨 있습니다. 그러나 막상 감당할 수 없는 절망에 빠지게 되면 차라리 자멸을 선택하여 조금 나아지지 않을까 싶은 생각이 들 수 있습니다. 하지만 앞서 어울려 존재함의 통찰력을 통해서 우리의 몸을 다치게 하는 것이 아버지와 어머니, 선조들까지도 해하는 것임을 깨달은 바 있습니다. 그럴 때는 고통이 내 몸을 통과하도록 내버려 두세요. 어차피 그 고통은 나만의 것이 아니니까요. 여러분의 몸도 무상한 것입니다. 대담함과 인내심을 가지고 노력하다 보면 조금씩 고통을 변화시킬 수 있습니다.

• • •

폭풍우 속에서 살아남기

우리는 호흡을 통해 강력한 감정과 안도감을 모두 포용할 수 있습니다. 여러분은 헤아릴 수 없을 정도로 큰 존재이며, 여러분이 느끼는 감정은 그중 일부에 불과하기 때문입니다. 우리는 여러 종류의 감정보다 훨씬 더 큰 존재들입니다. 이러한 강력한 감정들은 마치 폭풍우와도 같아서, 그런 감정들이 닥치면 잠시 멈추어 서서 그저 지나쳐 가기를 기다리면 됩니다. 누구나 폭풍우 속에서 살아남는 방법을 배워야 합니다. 그러기 위해서 복식 호흡을 수행하는 것이 필수겠지요. 분노와 두려움, 슬픔과 절망처럼 주체할 수 없는 감정들이 복받쳐 오를 때마다, 가만히 복식 호흡을 하며 마음을 다스려야 합니다. 그래야 우리 안의 강력한 폭풍우를 잠재울 수 있기 때문입니다. 우리는 폭풍우 속에 놓인 한 그루의 나무와도 같습니다. 때문에 꼭대기에 있는 나뭇가지들은 강한 바람에 흔들릴지라도 몸통과 뿌리는 견고하고 꿋꿋하게 버텨 주어야 하는 것이지요. 복식 호흡을 통해 단단한 몸통처럼 온 마음을 단전으로 모아서 편안하고 단단하게 유지해야 합니다. 절대로 나무 꼭대기까지 올라가서 강한 바람에 휩쓸려서는 안 됩니다.

앉거나 서거나 혹은 누운 자세에서 모든 신경을 복부에 집중시켜 보세요. 그리고 들이쉬는 호흡과 내쉬는 호흡에 모든 정신을 100% 집중시키고 복부가 늘어났다가 다시 가라앉는 것을 느껴 봅니다.

제아무리 강력한 폭풍우가 닥친다고 해도 그저 호흡과 복부의 움직임에만 주의를 쏟아야 합니다. 그렇게 오 분, 십 분, 십오 분이 지나면 폭풍우처럼 여러분을 뒤흔들던 감정도 서서히 사라지게 됩니다. 그러면 여러분의 마음이 원상태로 회복되어 다시 평온해지고 맑아질 수 있습니다.

복식 호흡은 언제 어디서나 할 수 있는 수행법입니다. 약속시간에 일찍 도착해서 잠시 자리에 앉아서 기다려야 할 경우, 휴대폰을 만지작거리는 대신 복식 호흡을 하면서 몸과 마음을 편안하게 다스리는 것은 어떨까요? 이는 여러분의 영적 수행의 몸을 단련시킬 수 있는 방법이기도 합니다. 그렇게 습관적으로 복식 호흡을 연습하다 보면 곤란한 순간이 닥치더라도 자연스럽게 복식 호흡을 통해 난관을 극복할 수 있게 됩니다. 일상생활 속에서 조그만 문제가 생기거나 소소한 어려움이 닥칠 때에도 위와 같은 복식 호흡을 통해서 몸과 마음을 집중할 수 있습니다. 그러면 걷잡을 수 없는 파도와 같은 감정에 휩쓸리는 순간이 닥치더라도, 그동안 수행으로 단련된 몸이 힘든 순간을 헤치고 나갈 수 있도록 도와줄 것입니다.

• • •

고통을 인지하고 포용하기

우리는 고통을 두려워하지 말아야 합니다. 정말 두려워해야 할 것은 그 고통을 어떻게 다루어야 할지 모른 채 살아가는 것입니다. 고통을 다루는 것은 일종의 기술과도 같습니다. 고통을 어떻게 겪어내야 하는지 알게 되면, 고통의 크기가 훨씬 줄어들고 내면에서 우리를 힘들게 하는 감정들을 더 이상 두려워하지 않게 됩니다. 마음 다함의 에너지는 여러분이 현재 느끼는 고통을 인지하고 받아들이고 포용할 수 있도록 도와줍니다. 그것만으로도 벌써 차분함과 안도감을 느낄 수 있을 겁니다.

보통 고통스러운 감정이 솟구치면 애써 그 감정을 억누르려고 애쓰기 마련입니다. 일단 고통스러운 감정이 수면 위로 드러나면 왠지 불편해지기 때문에 어떻게든 그 감정을 수면 아래로 밀어 넣고 억지로 덮어 버리려고 애쓰는 것이지요. 하지만 마음 다함의 수련을 통해서 이러한 감정들을 있는 그대로 수면 위로 떠오르도록 할 수 있습니다. 그리고 그러한 감정을 인지하고 포용하면 되는 것입니다. 이러한 과정은 변화와 위안이라는 두 가지 효과를 가져다줍니다. 먼저 여러분 안에 있는 진흙 같은 감정을 인정하는 과정이 필요합니다. 내 안의 고통스러운 기분과 감정을 솔직히 받아들이게 되면 오히려 평온함을 느낄 수 있게 되니까요. 그리고 그러한 진흙들이 나를 더욱 성장시킬 수 있다고 생각하면 그에 대한 두려움도 경감될 것입니다.

고통에 휩싸이게 되었다면 우리 의식의 깊은 곳에서 또 다른 에너지를 끌어올려야 하는데, 이를 마음 다함의 에너지라고 합니다. 마음 다함의 에너지는 여러분의 고통을 포용할 수 있는 능력을 가지고 있습니다.

"안녕, 나의 고통아."

마음 다함의 에너지는 이렇게 고통을 인지합니다.

"내가 너를 지켜줄 테니 더 이상 두려워하지 않아도 돼."

그때부터 우리 정신의식 속에 두 가지 에너지가 공존하게 됩니다. 바로 마음 다함의 에너지와 고통의 에너지, 두 가지입니다. 마음 다함의 에너지는 먼저 고통을 인지하고 나서 자애로움과 자비심을 가지고 그 감정을 포용합니다. 의식적인 호흡을 연습하면 이런 과정을 쉽게 통과할 수 있습니다. 들이쉬는 숨에 자신에게 이렇게 말해 보세요.

"안녕, 나의 고통아."

그리고 내쉬는 숨에 다시 말합니다.

"내가 너를 위해 여기 있어."

우리의 호흡 속에는 고통의 에너지가 담겨 있기 마련입니다. 그래서 자애로움과 자비심을 가지고 호흡하다 보면, 어느새 고통스러운 마음까지 포용할 수 있는 단계에 이르게 됩니다.

참을 수 없는 고통이 고개를 들이밀면 애써 외면하지 말고 그대로 맞서야 합니다. 괜히 도망치려고 한다거나 그 감정을 덮거나 다른 감정으로 바꾸려고 노력하거나 외면하기 위해 힘을 빼지 않아도 된다는 뜻입니다. 그저 내 안의 감정을 있는 그대로 인지하고, 우는 아이를 품에 안는 어머니처럼 나의 고통을 다정히 안아주려고 노력해 보세요.

무릇 어머니에게는 온화함과 사랑의 에너지가 가득한 법입니다. 아이는 엄마 품에 안기자마자 편안함을 느끼고 고통이 사라지는 것 같은 기분을 느끼게 되지요. 사실 어머니는 아이가 왜 우는지도 잘 알지 못하고 그냥 안아준 것뿐인데도 말입니다. 그저 아이를 다정하게 안아주었다는 사실 하나로도 고통이 감소되는 효과가 생기는 것입니다.

여러분 역시 고통스러운 감정의 근원이 무엇인지 굳이 알아보려고 할 필요는 없습니다. 일단 그 감정을 있는 그대로 받아들이고 포용하면 큰 안도감을 느낄 수 있습니다. 그렇게 고통스러운 감정이 어느 정도 누그러지면 그때 그 감정에서 벗어날 수 있다는 것을 알게 됩니다.

> 마음 다함의 에너지를 통해 몸과 마음이 하나가 될 수 있다면
> 더 이상 고통스러운 에너지를 두려워하지 않아도 됩니다.
> 마음 다함은 여러분의 내면을 있는 그대로 바라볼 수 있는 힘과
> 이해심과 자비심으로 고통을 포용할 수 있는 힘을 가지고 있습니다.

우리의 고통과 통증을 포용한다는 것도 하나의 기술입니다. 물론 그 방법을 익히기 위해서는 어느 정도의 수련이 필요하겠지요.

여러분은 명상가이면서 고통을 포용하는 기술을 가진 예술가가 되어야 합니다. 고통스러운 감정을 다루기 위해 나만의 창의적인 방법을 사용할 수도 있습니다. 그림을 그리거나 깨달음을 주는 음악을 감상하거나 혹은 시를 쓸 수도 있겠지요.

제가 쓴 시 중에서 가장 아름다운 심상을 표현하고 있는 시들은 가장 큰 고통에 맞서야 했던 순간에 썼던 것들입니다. 이러한 시를 쓰는 것은 나 자신에게 평온함을 가져다주는 하나의 방편이었습니다. 덕분에 균형을 잃지 않고 계속해서 일을 할 수 있는 힘을 얻게 되었습니다.

제 경우에는 고통스러운 감정이 느껴질 때마다 안정감을 느낄 수 있는 아름답고 긍정적인 기억들을 떠올리는 방법을 선택합니다. 마치 의식 속에 존재하는 희망이라는 씨앗에 물을 뿌리는 것처럼 말입니다. 플럼 빌리지에 있는 삼나무의 모습을 떠올릴 때도 있고 어린아이가 활짝 웃으면서 즐겁게 뛰노는 모습을 떠올릴 때도 있습니다. 이 역시 내 마음의 정원을 가꾸는 하나의 방편인 셈입니다.

이처럼 좋은 씨앗의 긍정적인 에너지는 마음을 즐겁게 하고 고통스러운 감정을 관통할 수 있도록 해줍니다. 여러분이 슬픔이나 분노의 감정에 사로잡혔을 때, 어떠한 긍정적인 기억이나 추억들이 도움이 될지 한 번 생각해 보는 것도 좋겠습니다.

고통스러운 감정을 느낄 때, 산책을 통해 지구와 푸른 하늘, 그리고 따스한 햇살 같은 우리 주변에서 찾아볼 수 있는 삶의 기적들을 보며 감정을 다스리는 것도 하나의 방법이 될 수 있습니다. 그저 고통을 겪는 것만으로는 충분하지 않습니다. 내 주변에 펼쳐진 여러 가지 기적적인 삶의 모습들을 떠올리는 것도 도움이 되겠지요.

나의 몸과 호흡, 그리고 고통과 하나가 될 때, 대지와 우주적인 몸이 여러분의 몸을 다정하게 포용해 줄 것입니다. 그러니 삶의 기적들이 주는 안도감과 생기를 있는 그대로 받아들이고 위안을 찾아보는 것은 어떨까요?

• • •
치유의 존재

자비심을 통해 여러분의 고통을 포용하고 감싸는 방법을 배웠다면 이제는 육체적으로 혹은 정신적으로 고통에 빠져 있는 다른 사람에게 도움을 주는 방법도 알게 되었을 것입니다. 여러분이 가진 차분함과 자비심의 에너지를 다른 사람에게 나누어 줄 수도 있겠지요. 그럴 때에는 바로 옆자리에 앉아 있는 것만으로도 상대방에게 치유의 존재가 되어 줄 수 있습니다. 존재만으로 자비심과 애정을 느낄 수 있기 때문입니다. 굳이 어떤 행동이나 말을 하지 않아도 됩니다.

여러분이라는 존재의 가치는
상황을 변화시킬 힘을 가지고 있습니다.

여러분은 한 그루의 나무와도 같습니다. 나무가 아무것도 하지 않는 것처럼 보이지만, 사실 우리는 나무를 만지고 나무 그늘 아래 앉아 있는 것만으로도 나무의 에너지를 온몸으로 받아들이게 됩니다. 나무에도 에너지가 존재하고 있지요. 그렇게 가만히 서서 자신의 존재 그 자체로 생기를 북돋아 주고 생명력을 내뿜고 치유를 도와줍니다.

때로는 다른 사람이 느끼는 고통 때문에 나 자신이 무력하게 느껴질 때도 있습니다. 그 사람을 위해 아무것도 해주지 못한다는 기분이 들기 때문이지요. 하지만 그러한 무기력한 감정이 들 때에도 차분한 에너지로 변화시킨다면 나 자신이라는 나무의 에너지를 만들어낼 수 있습니다. 물론 호흡을 통해 몸과 마음의 긴장을 풀고 정화시키는 방법을 사용해야겠지요.

고통받는 누군가를 위해 나무 같은 존재가 되어 준다는 것은 매우 든든한 버팀목이 되어 줄 뿐만 아니라 치유의 에너지까지 나누어 줄 수 있는 좋은 방법입니다.

대부분의 사람들은 이 세상이 조금이라도 덜 고통받을 수 있도록 돕고 싶어 합니다. 우리 주변에서 폭력과 기아, 환경 파괴가 벌어지는 모습을 수없이 지켜 보며 살았기 때문이지요. 하지만 나 스스로가 평온하지 않고 자비심을 가지고 있지 않다면 큰 도움을 줄 수 없습니다.

나 자신부터 중심이 되어야 합니다. 먼저 평화로운 마음가짐으로 나의 고통을 줄이는 것부터 시작해야 합니다. 우리 한 사람 한 사람이 세상을 대변하고 있는 존재이기 때문입니다.

우리 자신부터 평화와 자비심, 그리고 웰빙을 가꾸어 나가야 합니다. 나 자신과 조화를 이루고 고통을 포용하고 변화시킬 능력을 갖출 수 있을 때, 세상을 돌보는 것도 가능해집니다. 여러분과 세상이 서로 동떨어진 존재라고 생각하지 마세요. 여러분 스스로를 위한 일이 궁극적으로는 세상을 위한 것입니다.

• • •

수행법 : 고통의 기술

여러분을 고통스럽게 만드는 감정을 이해하고 싶다면 먼저 차분함을 되찾는 것부터 시작해야 합니다. 자비심을 가지고 나의 감정을 살피고 나면, 그 감정을 정확히 들여다볼 수 있게 되고 나아가 그 감정의 뿌리를 이해하고 변화시킬 수 있습니다.

<u>도망치지 말 것</u>

우리는 마음속에 고통이 있다는 걸 알면서도 그 고통의 근원을 살피려고 하지 않습니다. 행여 내면의 아픔과 슬픔, 절망에 사로잡히게 되지 않을까 싶어 벌써부터 두려워하는 것이겠지요. 그래서 나 자신으로부터 도망치고 그 감정을 억누르려고 애씁니다. 하지만 매번 고통으로부터 도망치다 보면, 고통을 치유하고 변화시킬 기회조차 얻지 못하게 됩니다. 따라서 고통의 기술의 첫 단계는 마음 다함의 에너지를 활용하여 고통을 있는 그대로 바라보는 것입니다.

여러분의 영적 수행의 몸과 마음 다함의 호흡, 마음 다함과 명상, 그리고 통찰의 에너지로 내 마음속에서 어떤 일이 벌어지고 있는지 살피고 인지하고 포용할 수 있는 용기와 굳건함을 얻을 수 있습니다.

두 번째 화살을 피하기

날카로운 화살에 맞는다면 누구나 큰 고통을 느끼겠지요. 하지만 똑같은 자리에서 똑같은 위치에 두 번째 화살을 맞는다면, 그 고통은 열 배는 더 크게 느껴질 것입니다. 여러분이 느끼는 고통이 첫 번째 화살입니다. 두 번째 화살은 바로 불안과 분노, 저항심과 반발심이라는 화살입니다.

어쩌면 실제보다 상황을 더욱 극대화시키는 두려움의 감정이 두 번째 화살이 될 수도 있겠지요. 혹은 고통을 수용해야 한다는 무능함이나 후회, 짜증스러운 감정일 수도 있을 테고요. 따라서 다른 걱정거리들로 상황을 과장하거나 증폭시키지 않고, 나의 고통을 차분하고 정확히 파악하는 것이 가장 중요합니다.

고통의 근원을 파악하기

여러분의 고통을 마음 다함의 에너지로 포용하게 되면, 그 고통 속에 아버지와 어머니, 선조들의 고통이 포함되어 있음을 깨닫게 됩니다. 어쩌면 여러분의 민족과 조국, 나아가 이 세상의 고통까지 포함되어 있을지도 모릅니다.

대부분의 사람들이 이유를 알 수 없는 극도의 슬픔과 두려움 그리고 절망을 경험한 바가 있을 겁니다. 대체 그 감정의 근원이 무엇인지 알지 못한 상태로 말입니다. 그런 감정들의 뿌리로 들어가 보면 오래전에 선조들이 느꼈던 고통이 여러분에게 이어져 내려왔다는 사실을 깨달을 수 있습니다. 이러한 사실을 깨닫고 나면 현재의 고통을 변화시키고, 아픔과 절망을 감소시킬 수 있습니다.

그 어떤 것도 먹을 것이 없이는 살아남을 수 없습니다. 이는 고통이나 사랑의 경우에도 마찬가지입니다. 만약 고통이나 슬픔, 절망이 오랜 시간 계속된다면, 이러한 감정의 먹이가 되는 무엇인가 존재한다는 뜻입니다.

우리는 매일 생각을 소비하며 살아갑니다. TV나 영화, 음악과 대화 나아가 공동체 의식과 주변 환경조차도 알게 모르게 중독의 요인이 될 수 있습니다. 이러한 요소들이 여러분이 느끼는 고통의 뿌리에 영양분을 공급하고 있는 것은 아닌지 주의를 기울여 살펴보아야 합니다.

이런 식으로 생각이나 말, 행동 그리고 소비의 습관부터 변화시켜 나간다면, 고통의 뿌리에 영양분을 공급하지 못하도록 차단시킬 수 있게 됩니다. 그러면 여러분이 느꼈던 고통들이 서서히 말라죽어 버리겠지요. 이러한 나쁜 감정이 죽고 나면 여러분의 마음속 정원에 이해심과 자비심이라는 새로운 꽃을 피울 수 있게 됩니다.

고통의 이로움

언제나 강하고 건강하게 그리고 어떠한 고통이나 아픔도 없이 살아간다는 것은 생각만 해도 달콤한 일입니다. 대부분의 사람들이 평생을 살면서 큰 어려움이나 고난에 부딪치지 않고 살기를 원할 것입니다.

하지만 제 경험에 비추어서 생각해 보도록 하겠습니다. 만약 그런 커다란 어려움이나 고통이 없었더라면 지금처럼 영적인 길로 성장해 갈 수 있는 기회를 얻지 못했을 것 같습니다. 그렇다면 치유와 변화의 기회도 얻지 못했을 테고 또한, 심도 깊은 평화와 즐거움 그리고 자유도 느끼지 못했을 것입니다.

만약 여러분이 고통을 경험해 보지 못했다면 이해심과 자비심이라는 감정을 어떻게 느낄 수 있겠습니까?

자비심이란 타인의 고통을 이해하는 것으로부터 시작되는 감정입니다. 만약 이러한 이해심이나 자비심이 없다면, 우리는 진정으로 행복한 사람이 될 수 없습니다.

저는 제자들을 진심으로 아끼고 마음을 다해 사랑합니다. 하지만 제자들이 고통이 없는 천국 같은 곳에 가는 것을 바라지는 않습니다. 고통이 없는 곳에서는 행복이라는 감정이 싹틀 수 없기 때문입니다. 진흙이 없는 곳에서 아름다운 연꽃이 자라지 못하는 것처럼 말입니다.

행복과 평화는 고통과 괴로움으로부터 태어나는 것입니다. 거듭 강조하지만 아름다운 연꽃이 자라기 위해서는 소중한 진흙이 있어야만 합니다. 아름다운 연꽃은 매끈한 대리석 위에서는 자라지 못하는 법입니다.

제 7 장

열반의
경지

7장
열반의 경지

열반이란 우리 모두가 현재의 삶 속에서 느낄 수 있는
시원함과 참신함의 쾌적한 상태를 뜻한다.

마음 다함과 명상 그리고 통찰력을 통해 고통을 변화시킬 수 있다면, 여러분은 지금 이곳에서 열반에 닿을 수 있습니다. 열반은 먼 미래에 닿을 수 있는 것도 멀리 떨어진 곳에 있지도 않습니다.

열반(涅槃)이란 단어는 고대 인도어에서 유래된 것으로 산스크리트어 '니르바나(Nirvana)'를 음역한 불교 용어이며 영원한 깨달음의 상태로 들어가는 경지를 의미합니다.

부처님이 살던 시대에만 해도 요즘 시골 사람들이 그러하듯 볏짚이나 분변, 나무, 왕겨에 불을 붙여서 음식을 만들었습니다. 매일 아침이면 어머니가 잠에서 깨어 들판으로 일을 나가야 하는 가족들을 위해서 불을 피워 아침 식사를 만들었지요. 맨 먼저 어젯밤 피웠던 잿더미 위에 손을 올려서 아직 온기가 남아 있는지 살펴봅니다. 만약 온기가 남아 있다면 볏짚이나 잔 나뭇가지를 넣어 다시 불씨를 살렸습니다. 하지만 불이 완전히 꺼졌을 경우에는 잿더미가 완전히 차갑게 식어버린 것을 느낄 수 있습니다. 이렇게 완전히 불씨가 꺼진 잿더미에 손을 집어넣으면 기분 좋은 시원함을 느낄 수 있었지요.

이처럼 인간이 느끼는 고뇌의 불꽃이 완전히 사라져서 기분 좋은 시원함을 느낄 수 있는 상태를 부처님은 '열반'이라는 단어로 표현한 것입니다. 대부분의 사람들은 욕망과 두려움, 불안과 절망, 혹은 후회의 불꽃을 활활 피우면서 살아갑니다. 화와 질투, 죽음과 상실에 대한 관념 또한 우리 내면에서 불꽃을 피우며 타들어 가고 있지요. 하지만 이러한 고통을 변화시키고 잘못된 생각을 비워낼 수 있을 때, 누구나 자연스럽게 상쾌한 평온함을 느낄 수 있습니다. 바로 이런 것을 열반이라고 합니다.

따라서 인간의 고통과 열반 사이에는 밀접한 관계가 있습니다. 만약 고통을 겪지 않는다면 어떻게 열반의 경지에 오를 수 있겠습니까? 고통이 없다면, 뜨거운 석탄이 없이는 차가운 재를 얻을 수 없는 것처럼 그로부터 깨달음을 얻지 못할 것입니다. 이처럼 고통과 깨달음은 함께하는 것입니다.

우리의 고통을 다루는 법을 배울 수 있을 때
열반의 경지에 이르는 법을 배울 수 있습니다.

열반은 평생을 바쳐 수행을 해야 얻을 수 있거나, 단 하루만 경험할 수 있는 거창한 것이 아닙니다. 여러분 모두 일상생활 속에서 소소한 열반의 순간들을 느끼며 살아가고 있으니까요. 맨발로 길을 걷다가 우연히 들장미를 밟았다고 생각해 보세요. 그러면 발바닥에 수십 개의 가시들이 박힐 겁니다. 순간적으로 평온함과 행복이 사라진 것처럼 느껴지겠지요.

하지만 그 가시 중 하나만 빼어내도 다시 안도감을 느끼게 될 겁니다. 바로 이러한 순간을 열반이라고 합니다. 그렇게 가시를 하나씩 뽑을 때마다 안도감과 평화를 느낄 수 있습니다. 그처럼 고통을 하나씩 지워가는 과정이 바로 열반의 존재인 것이지요. 내 마음속의 화와 두려움, 절망을 깨닫고 포용하고 변화시킬 수 있을 때 여러분은 열반을 경험할 수 있게 됩니다.

• • •

열반에 닿는 법

부처님은 우리 육신을 통해서 열반의 경지에 닿을 수 있다고 가르치셨습니다. 열반의 경지에 이르기 위해서는 우리의 몸뿐만 아니라 감정과 인식, 정신 형성과 의식이 모두 필요하다는 뜻이지요. 두 발과 두 눈, 두 손으로도 가능합니다. 그러니 인간의 몸으로 살아 있음에 감사해야 합니다. 덕분에 불꽃의 시원함과 열반의 순간을 만들어낼 수 있기 때문입니다.

분노의 불꽃을 잠재우고 그 근원을 파악하고, 화를 자비심으로 변화시킬 수 있을 때 이러한 경험들을 열반이라고 합니다.

걷기 명상을 통해 평온함과 자유로움을 느낄 수 있을 때 우리는 우주적인 몸에 닿게 되지요. 이것 또한 열반에 닿는 것입니다. 바쁘게 뛰던 것을 멈추고 미래에 대한 걱정들과 과거에 대한 후회를 모두 내려놓고 현재의 순간 속에서 주변의 기적들을 만끽할 수 있을 때 우리는 열반의 경지에 닿은 것입니다.

역사적인 면과 더불어 현재 순간 속으로 깊이 닿을 수 있을 때 우리는 궁극에 닿을 수 있습니다. 역사적인 면과 현재의 순간은 서로 분리되어 존재하지 않습니다. 우주적 몸, 현상계에 닿을 수 있을 때, 우리는 궁극에 이를 수 있으며 비로소 현실 그 자체의 영역으로 들어갈 수 있습니다.

궁극의 관점으로 현상의 세계를 바라볼 때, 우리는 죽음이 없다면 태어남(生)도 존재할 수 없다는 것을 깨닫게 됩니다. 또 고통이 없다면 행복도 존재할 수 없겠지요. 진흙이 없이는 연꽃이 피어날 수 없는 것처럼 말입니다. 생과 사, 고통과 행복은 서로에게 의지하지 않으면 발현될 수 없습니다. 생과 사는 역사적인 면의 단계에 있는 관념들에 불과합니다. 궁극적인 면에서 보자면 이러한 온갖 관념들과 개념, 모든 상(相)과 겉모습들은 절대적 진리는 아닌 것이지요. 궁극적인 면에서 진리 그 자체를 살펴보면, 태어남이 없이는 죽음도 없고, 고통이 없이는 행복도 없으며, 오는 것이 없이는 가는 것도 없고, 선이 없이는 악도 존재하지 않습니다. '자아', '인간', '살아 있는 존재' 혹은 '수명'과 같은 모든 관념들과 개념을 버릴 수 있을 때 우리는 현실의 진리에 닿을 수 있으며 이것이 곧 열반입니다.

열반은 '궁극적인 면' 속에 존재합니다. 온갖 관념들과 개념을 소멸시키고 내려놓음을 통해서만 가능하지요. 공(空), 무상(無相), 무원(無願), 무상(無常), 무욕(無欲), 내려놓음에 대한 명상을 통해서 진리로 가는 돌파구를 찾을 수 있습니다.

우리의 신체와 현상계의 영역을 깊이 숙고함을 통해서 우주의 섭리와 신의 몸, 즉 열반의 경지에 닿을 수 있으며 나아가 평화와 행복, 두려움으로부터 자유로워짐을 경험할 수 있습니다. 그렇게 되면 더 이상 생과 사, 존재와 비존재를 두려워하지 않게 되겠지요.

한 마리 새가 하늘로 비상하는 것을 즐기듯, 사슴이 숲속에서 뛰어노는 것을 즐기듯, 현명한 자들은 열반에서 머무는 것을 즐깁니다. 굳이 먼 곳에서 열반을 찾지 마시기 바랍니다. 열반은 지금 이 순간의 진리 안에 존재하고 있는 것이니까요. 스스로에게서 이러한 궁극의 것을 떼어 놓기란 불가능합니다.

열반에 이른다는 것은
우리의 일상 속에서
무생무사의 통찰력을 깨닫는 것입니다.

●　●　●

열반은 영원한 죽음을 의미하지 않는다

대부분의 사람들이 열반이란 죽음 이후에 도달하는 경이로운 상태를 의미하는 것으로 잘못 생각하는 경향이 있습니다. "부처님이 죽어 열반에 들다"라는 말을 자주 접한 탓이겠지요. 그래서인지 열반을 죽고 나서야 도달할 수 있는 곳으로 착각하는 일이 많습니다.

하지만 이것은 큰 착각이며, 이로 인해 매우 위험한 오해들을 불러일으킬 수 있습니다. 살아 있을 때는 절대 열반에 이를 수 없고 열반에 이르기 위해서는 반드시 죽어야 한다는 오해들 말입니다. 하지만 부처님의 가르침은 이러한 오해들과는 거리가 먼 것입니다.

언젠가 말레이시아로 설법을 하러 간 적이 있었습니다. 차를 타고 쿠알라룸푸르 쪽으로 가는 길에 불교식 장례식을 치르는 회사의 광고 간판이 보이더군요. 회사 이름이 '열반'이었습니다.

죽음을 그런 식으로 표현한 것을 보면 부처님도 심기가 편치 않으실 것 같다는 생각이 들더군요. 부처님께서는 죽음과 열반을 연관 지어서 가르치신 적이 없기 때문입니다. 열반은 바로 지금 여기서 우리가 살아가는 삶의 방식과 연관되어 있습니다.

서양의 불교 학자들이 저지르는 가장 큰 오류 중 하나가, 바로 열반을 '영원한 죽음' 즉, 환상의 고리에 마침표를 찍는 것으로 규정하고 있다는 점입니다. 이는 열반의 심오한 의미에 대한 오해로부터 불거진 것입니다.

무슨 이유로 수백만 명의 불자들이 영원한 죽음을 가르치는 종교를 믿으려고 하겠습니까? 영원한 죽음이라는 개념조차 존재와 비존재, 생과 사의 관념 속에 갇힌 것입니다. 하지만 진정한 섭리란 그러한 온갖 관념들을 관통하는 것입니다.

우리는 살아 있을 때에만 열반의 경지에 닿을 수 있습니다. 쿠알라룸푸르에 계시는 독자 분이 있다면, 그 장례 업체에게 연락을 해서 이러한 이유로 회사 이름을 바꿔야 한다고 꼭 전해주시기 바랍니다.

• • •

어울려 존재함의 현실

어울려 존재함의 통찰을 통해서 우리의 몸을 비롯해 세상의 모든 것들이 홀로 존재할 수 없음을 깨달을 수 있습니다. 모든 것들이 서로 다른 것들에 의존하면서 존재하고 있기 때문이지요. 만약 더러움이 묻지 않는다면 어떻게 티끌 하나 없이 깨끗해질 수 있을까요?

고통이 없이는 행복이 없으며 악함이 없이는 선함이란 절대로 존재할 수 없습니다. 고통이 없다면 어떻게 이해심과 사랑이라는 감정이 생길 수 있겠습니까? 고통이 없다면 통찰력을 얻는 것도 불가능합니다. 잘못된 것이 없다면 올바른 것의 기준 또한 없을 것입니다.

우리는 이렇게 말합니다.

"신은 선하고 신은 사랑이다."

만약 신이 선하고 사랑이라면 선함과 사랑이 없는 곳에는 신이 존재하지 않는다는 뜻일까요? 정말 궁금한 일이 아닐 수 없습니다.

부처님의 가르침에 따르면 궁극의 진리, 신의 섭리는 모든 관념들 그러니까 선과 악이라는 관념조차 초월하는 것이라고 배웠습니다. 이러한 가르침을 제대로 전하지 않는 것도 부처님의 가르침을 폄하하는 것이겠지요.

수천 명의 목숨을 앗아가는 엄청난 자연재해가 발생하면 이런 질문을 던지는 사람들이 있습니다.

"하늘도 무심하시지, 왜 하필 이렇게 착한 사람들이 이런 고통을 겪어야 하는 거야?"

전쟁이나 테러, 자연재해나 지진, 쓰나미, 허리케인 등의 뉴스를 들을 때마다 우리는 엄청난 절망감을 느낍니다. 가늠하기조차 힘들 정도의 슬픔이겠지요. 다른 사람이 아니라 왜 하필 내가, 내

주위의 사람들이 그런 고통과 죽음을 겪어야 하는지 도무지 이해할 수가 없습니다. 이런 경우에는 공(空)에 대한 통찰이 도움이 됩니다.

어린아이나 나이 든 할머니, 십대 혹은 젊은이가 예기치 못한 재해로 목숨을 잃게 되면 우리 몸의 일부가 떨어져 나간 것 같은 기분이 듭니다. 우리가 동떨어진 존재가 아니며 인류와 하나로 이어져 있는 존재들이기 때문에 상실감이 느껴지는 것이지요.

우리가 살아 있는 한, 그들도 우리 속에 함께 살아 있습니다. 무아(無我)의 통찰을 얻을 수 있을 때, 재해로 목숨을 잃은 사람들이 우리 안에 아름다운 모습으로 계속 살아 있다는 것을 감지할 수 있습니다.

열반, 즉 궁극의 진리는 쉽게 가늠할 수 없는 중립적인 것입니다. 그래서 우주의 모든 것들이 기적인 것이지요. 연꽃도 기적이고 진흙도 마찬가지입니다. 목련도 기적이고 옻나무도 기적입니다.

선과 악의 개념은 자연이 아니라 우리 마음속에서 만들어진 것입니다. 이런 모든 개념과 관념들을 버릴 때 진정한 자연의 섭리를 볼 수 있습니다. 우리는 지진이나 폭풍우, 화산을 '선'과 '악'으로 구분하지 않습니다. 모든 것들이 그저 자신의 역할을 다하고 있는 것입니다.

따라서 우리는 신을 바라보는 방법부터 다시 점검해 보아야 합니다. 만약 신이 선한 곳에만 존재한다면, 궁극적인 존재가 될 수 없겠지요. 그렇다고 존재하는 것들 위에만 신이 있다고도 말할 수 없습니다. 그렇다면 비존재들 위에는 신이 없다는 뜻이 되니까요.

따라서 신을 살아 있다, 살아 있지 않다 혹은 존재와 비존재라는 용어로 규정하는 것은 불가능한 일입니다. 궁극에 닿았을 때 느껴지는 평온함과 행복조차 궁극 그 자체가 아닌 우리 안에 존재하는 것이기 때문입니다.

궁극, 즉 열반은 그 자체로 평온함과 즐거움인 것이지 '평화'와 '선함' 같은 분류나 개념으로 규정할 수 없는 것입니다. 궁극은 모든 것들을 초월하는 진리이기 때문입니다.

• • •

열반을 기다리지 말라

부처님이 보리수나무 아래서 깨달음을 얻었을 때 그분은 인간이었습니다. 깨달음을 얻은 후에도 마찬가지입니다. 다른 사람들처럼 인간으로 살아가며 느끼는 모든 고통과 괴로움을 겪었습니다.

부처님은 돌로 만들어진 존재가 아닙니다. 다른 사람처럼 감정이 있고 고통, 추위, 배고픔, 피로를 느끼는 그야말로 우리와 똑같은 사람이었지요.

여러분이 인간으로서 고통과 괴로움을 느낀다고 해서 평온함도 얻을 수 없고 열반에 닿을 수 없다고 생각해서는 안 됩니다.

부처님은 깨달음을 얻은 후에도 고통을 경험했습니다. 부처님의 가르침과 일화를 통해서 우리는 그 사실을 알 수 있습니다. 하지만 핵심은 부처님은 어떻게 고통을 겪는지 알고 있었다는 점입니다.

그의 깨달음은 고통으로부터 나온 것입니다. 부처님은 자신의 고통을 잘 활용하여 깨달음을 얻는 법을 알고 있었습니다. 때문에 우리보다 덜 고통을 겪은 것이지요.

마음 다함 속에서 한 번 호흡하고 한 걸음 내딛는 것으로 우리는 이미 행복과 평화를 느낍니다. 하지만 이러한 수련을 멈추는 즉시 고통이 시작됩니다. 평화와 행복, 자유의 소소한 순간들이 하나둘 모여서 커다란 깨달음과 자유를 만들어냅니다. 그렇게만 된다면 달리 바랄 것이 또 있을까요?

아직도 대부분의 사람들은 깨달음을 느끼는 순간부터 모든 문제가 해결될 것이라고 생각합니다. 깨달음만 얻으면 아무 문제가 생기지 않을 테고 고통과는 영원히 작별이라고 믿는 것이지요. 하지만 그것은 불가능한 일입니다. 깨달음과 고통은 함께하기 때문입니다. 하나가 없으면 다른 하나도 존재할 수 없습니다.

만약 고통으로부터 무작정 도망치려고 한다면 절대로 깨달음에 이를 수 없습니다. 그러니 고통을 피하지 말고 그 고통을 어떻게 다루어야 하는지를 배우면 됩니다. 깨달음이란 우리의 고통스러운 마음속에서 찾을 수 있습니다.

우리는 고통의 뜨거운 불꽃을 열반의 시원함으로 변화시킬 수 있음에 감사해야 합니다. 이 책에서 소개하는 수행법에 따라 열반의 경지에 이르는 길을 걷다 보면, 누구나 평화와 자유를 얻을 수 있을 것입니다.

지혜로운 삶

공(空), 무상(無相), 무원(無願), 무상(無常), 무욕(無欲), 내려놓음과 열반에 대한 명상 수행은 매우 실용적입니다. 이를 우리 일상 속에 적용시킬 때 두려움과 분노, 화와 절망으로부터 자유로워질 수 있기 때문입니다. 어울려 존재함과 상호 의존의 통찰력은 현재의 순간을 더욱 완벽하게 만끽할 수 있도록 해주며, 우리 존재의 광대함을 깨닫고 여덟 개의 몸을 감사히 여기도록 해줍니다. 이를 통해 나 자신의 진정한 삶을 살고 사랑하는 이와 화해하며 두려움과 고난을 승화시킬 수 있습니다.

이러한 명상을 통해서 통찰력을 얻는다면 우리 인생의 질이 한 단계 높아지겠지요. 무슨 일을 하든 더 큰 즐거움과 평화, 자비심을 느낄 수 있을 테고요.

행복해지기 위해서는 반드시 천국에 가거나 열반에 이를 때까지 기다리지 않아도 된다는 점을 명심해야 합니다. 행복한 삶은 바로 지금 지구에 살면서도 충분히 가능하니까요. 현재 순간 속에서 실제에 닿을 수 있다면 이는 영원에 닿는 것과 마찬가지입니다.

우리는 생과 사, 존재와 비존재, 오는 것과 가는 것을 초월하는 존재입니다. 우리는 삶의 지혜와 인생을 낭비하지 않는 법을 배웠습니다. 그저 그렇게 사는 것은 원치 않습니다. 무엇보다 잘 사는 것이 중요하기 때문입니다.

마음 다함의 수행을 하면 즐거움과 견고함, 그리고 행복이라는 즉각적인 결과물을 얻을 수 있습니다. 주차장부터 사무실까지 의식적으로 걷기 수행을 한다고 가정해 보죠. 한 걸음 한 걸음 속에 평화를 느끼고 자유와 치유를 얻을 수 있습니다. 사무실에 도착하는 건 그저 부수적인 결과물일 따름입니다. 그런 식으로 걷기 수행하는 법을 배우면 현재 순간 속에서 행복하게 사는 습관을 점점 발전시켜 나갈 수 있습니다. 그렇게 걷기의 자유와 행복은 여러분의 몸속 세포 구석구석으로 퍼져나갈 테고요. 매일 이런 식으로 마음 다함과 함께 걷다 보면 그 자체로 삶의 지혜가 되고 이는 여러분의 아이들에게까지 전달될 수 있을 것입니다.

과학자들은 삶이 배움의 연속이라고 말합니다. 우리는 수백만 년 동안 배움의 길을 이어왔지요. 먼저 주변 환경에 적응하는 법을 배

웠고 또 살아남기 위해 배워야 했습니다. 자연도태설에 따르면 적
응하지 못하는 사람은 살아남지 못할 테니까요. 빠르게 변화하는
사회 속에서 살아남고 스트레스와 두려움, 절망으로 가득한 세상에
서 견디기 위한 방법과 이를 헤쳐 나갈 방법을 배우는 것이 중요합
니다. 그렇게 배움을 통해 얻은 것은 유전적이고 영적인 유산이 되
어서 미래의 세대들에게까지 전달될 수 있을 겁니다. 그 유산은 우
리의 세포와 집합적 의식 속에 각인되는 것입니다.

인류는 호모 하빌리스부터 호모 에렉투스를 거쳐 호모 사피엔스
로 진화했고, 이러한 각각의 진화 단계는 배움의 결과물로서 가능
한 것이었습니다. 어떤 이들은 의식적인 삶과 깨달음의 경지에 이
른 종을 호모 컨시어스라고 부르기도 합니다. 부처님은 바로 이러
한 종에 속한 분이셨지요. 그의 제자와 그 제자의 제자들 역시 마찬
가지입니다. 모두 깨달음을 통해 삶을 영위하는 법을 잘 알고 있었
기 때문입니다. 의식적으로 걷고, 먹고 일하는 법을 배웠으니까요.
마음 다함의 수행을 통해서 정신 집중과 통찰력을 얻을 수 있다는
법을 깨달았고, 그러한 통찰력을 바탕으로 삶을 더욱 진지하게 영
위하고 위험을 피해갈 수 있었습니다. 그렇게 삶을 통해서 배운 것
이지요.

어떠한 생명체라도 적응하지 못하면 살아남을 수 없을 것입니다.
현재의 상황에 적응하는 데에는 두 가지 방법이 있습니다. 먼저 위

험과 스트레스, 그리고 절망적인 상황 속에서도 나 자신을 지키는 방법을 배우고 환경의 피해자가 되지 않으면서 살아남는 법을 터득하는 것입니다. 그러면 일상생활의 수행이 곧 나 자신을 지키는 길이 되겠지요. 생각하는 법, 호흡하는 법, 걷는 법 하나하나가 우리의 보호막이 되어 주는 셈입니다.

마음 다함과 명상, 그리고 통찰력의 에너지 덕분에 우리는 유해한 환경과 엄청난 스트레스 속에서 살아남을 수 있게 됩니다. 이해심과 자비심이 있기 때문에 더욱 극악한 상황으로 치닫지 않을 수 있지요. 호모 컨시어스의 일원으로서, 우리의 모든 배움은 세포 속에 그대로 각인되어 미래 세대로까지 이어질 수 있습니다. 따라서 미래 세대는 우리의 경험을 통해 이득을 얻게 되고 어려움에 맞서 살아남는 것에서 나아가 행복하고 충만한 삶을 영위할 수 있게 됩니다.

저는 승려의 신분이기 때문에 생물학적 후손이 없습니다. 하지만 영적인 후손들은 있습니다. 저의 깨달음과 지혜, 그리고 적응력이 제자들, 영적인 후손들에게까지 전달되는 모습을 두 눈으로 똑똑히 보았습니다. 마치 저의 부모님이 저와 닮아 있는 것처럼, 제자들과 학생들 역시 저와 닮아 있었습니다. 이는 유전적인 전달이라기보다 영적인 전달인 셈입니다. 이 세상에는 저처럼 걷고 앉고 웃고 호흡하는 사람들이 수천 명이 넘습니다. 이 또한 저의 제자들의 삶 속과 몸의 세포 속에 통합되어 있던 영적인 배움이 많은 이들에게 전달되었다는 증거이겠지요. 시간이 흐르고 나면 그 제자들은 이러한 깨달음을 자신의 후손들에게 또다시 전달할 수 있을 것이라고 믿습니다. 호모 컨시어스 즉 마음 다함과 자비심, 그리고 깨달음의 존재들이 이 세상에 오래도록 남고 또 발전하기 위해서 우리도 일조할 수 있습니다.

우리가 사는 세상은 깨달음과 이해, 자비심과 마음 다함 그리고 정신 집중을 그 어느 때보다 필요로 하고 있습니다. 스트레스와 절망, 폭력과 차별, 우울함으로 고통받는 이들이 너무나 많기 때문입니다.

영적인 수행을 통해서 우리는 세상에 적응하고 살아남을 수 있습니다. 견고함과 자유로운 삶을 사는 것으로 마음 다함과 정신 집중, 깨달음과 즐거움 그리고 타인에 대한 연민을 널리 전파할 수도 있겠지요. 이것이 우리의 유산이고 또 우주적인 몸입니다. 부디 우리 후손들이 우리의 삶을 몸과 마음으로 받아들이기를 바랍니다.

반대로 다른 방식으로 삶에 적응하는 방식도 있습니다. 주변 사람들이 모두 바삐 살아가는 것을 보면서 이를 뒤쫓아 가기 위해서 더욱 바쁘게 살려고 노력하는 것입니다. 최고가 되기 위한 다른 사람들의 방식을 살피고 이를 자신에게 그대로 적용시켜 직장에서 또 사회적 환경 속에서 최고가 되려고 애쓰는 것이지요. 그러면 잠시 동안은 성공한 것처럼 느껴질 수 있겠지만 결국에는 이러한 방식이 개인적으로도 인류 전체에도 자멸을 불러온다는 것을 깨닫게 될 것입니다.

우리가 살아가는 사회는 너무 바쁘게 돌아가기 때문에 나 자신조차 제대로 돌볼 여유가 없습니다. 스스로의 존재 속에서 쉴 틈이 없지요. 때문에 나의 몸과 기분, 그리고 감정들을 제대로 살피는 것이 힘듭니다. 자신의 고통에 행여 압도될까 두려워서 일부러 외면하려고도 합니다. 이러한 경향은 우리가 사는 문명 시대의 한 가지 특성이기도 합니다.

하지만 자신으로부터도 도망치려고 한다면 우리의 고통을 어떻게 돌볼 수 있겠습니까? 내 몸 하나도 지키지 못하는데 어떻게 사랑하는 사람을 지킬 수 있을까요? 나아가 우리가 사는 대지는 어떻게 보호할 수 있겠습니까? 대지는 우리를 살찌우고 치유해 주는데 정작 우리는 대지로부터 도망치려고 애쓰고 심지어 위해를 가하고 파괴를 일삼고 있습니다. 나날이 발전하는 기술력은 우리로 하여금 나 자신과 가족, 그리고 자연으로부터 도망칠 수 있는 여러 방법을 선사해 주었습니다.

이제 혁명이 필요한 순간이 왔습니다. 자애로운 혁명, 우리 모두에게 깨달음이 필요한 순간이 온 것입니다. 우리 모두 당당히 맞서야 합니다. "이런 식으로 살고 싶지 않아! 이건 제대로 사는 게 아니야. 나에게는 남은 시간이 많지 않아. 사랑할 시간도 부족해!"라고 외칠 수 있어야 합니다.

일단 우리 의식 속에서 이런 혁명을 시작하고 나면 우리 가족과 공동체에도 급속한 변화를 이끌어낼 수 있습니다. 하지만 제일 먼저 삶의 방식부터 변화시키겠다고 마음먹어야 합니다. 삶의 기적들을 오롯이 즐길 자유를 얻겠노라고 당당히 외쳐야 합니다. 나 자신이 행복할 수 있을 때, 우리는 다른 사람을 돕고 행복을 나눌 에너지와 힘을 얻을 수 있습니다.

잠시 호흡을 하기 위해 멈춘다고 해서 시간을 낭비하는 것은 아닙니다. 서구의 자본주의 문명에서는 흔히 "시간은 돈이다"라고 말합니다. 다시 말하면 우리가 가진 시간을 돈을 버는 데 사용해야 한다는 뜻이겠지요. 잠시 멈추거나 호흡을 하거나 걷기를 즐기거나 석양을 감상할 시간조차 허용되지 않습니다. 한시라도 낭비할 수 없기 때문이지요. 하지만 시간은 돈보다 더욱 소중한 가치를 지닌 것입니다. 시간은 곧 삶입니다. 우리의 호흡으로 돌아와서 놀라운 몸을 깨닫는 것, 바로 그것이 진정한 삶입니다.

여러분에게는 눈이 부실 정도로 아름다운 일출을 감상할 여유가 있습니까? 떨어지는 빗방울이 만들어내는 음악과 나무 위에서 지저귀는 새들의 노랫소리, 잔잔히 굽이치는 파도소리에 귀 기울일 여유가 있나요? 이제 우리는 깊은 잠에서 깨어나야 합니다. 지금까지와 다른 삶을 사는 것은 얼마든지 가능합니다. 여러분은 이미 지금까지와는 다른 삶을 살고 있습니다.

시간은 돈이 아닙니다.
시간은 삶이고 사랑입니다.

이처럼 집단적인 각성을 통해서 모든 것이 빠르게 변화할 수 있습니다. 때문에 우리가 해야 하는 모든 일들이 집단적인 각성을 불러일으키기 위한 것이지요.

인간은 혐오스럽고 사악하고 폭력적이 될 수 있지만 반대로 영적인 수행을 통해 연민을 느끼고 우리 자신뿐만 아니라 다른 생명체들까지도 보호할 수 있는 능력을 가지고 있습니다. 깨달음을 얻은 존재로 거듭나 우리 지구와 지구의 아름다움을 지킬 능력을 충분히 가지고 있다는 뜻입니다. 따라서 깨달음은 희망입니다. 그리고 깨달음은 누구에게나 가능합니다.

지금이라도 깨달음을 얻기 위해 노력하고 삶의 방식을 바꾸어야 합니다. 그러면 더 큰 자유와 행복, 생명력과 자비심 그리고 사랑을 느낄 수 있습니다. 지금이라도 삶의 방식을 다시 가다듬어 나의 몸과 감정, 기분을 살피고 사랑하는 사람과 우리의 지구를 보살필 여유를 가져야 합니다.

여러분 자신과 타인을 돌보는 것은 우리의 미래 세대까지 이어져야 할 중요한 삶의 방식입니다. 이제 사회가 우리에게 주는 중압 감에서 벗어나야 합니다. 끝까지 맞서야 합니다. 주차장에서 사무 실까지 걷는 것만으로도 이런 중압감에 맞서는 방식으로 활용할 수 있습니다.

"나는 이제 급하게 달리지 않겠어. 나만의 방식으로 살 거야. 내 게 주어진 잠깐의 순간과 걸음 하나도 놓치지 않겠어. 그렇게 한 걸 음마다 느낄 수 있는 자유와 평화 그리고 즐거움을 되찾을 거야. 이 제부터 나에게 주어진 삶을 최대한 만끽하면서 살겠어."

행복에 이르는 길

다섯 가지 마음 다함의 수행법은 국제적인 영성과 윤리를 위한 불교의 비전을 보여주는 것입니다. 이는 어느 종교에 속하지 않으며 인간의 본성은 보편적이라는 것을 의미합니다. 모든 영적인 전통은 이러한 수행법과 맞닿아 있으며 그저 허울만이 아닌 마음 다함과 통찰력으로부터 태어나는 자비심의 수행인 셈입니다.

따라서 앞으로 소개할 다섯 가지 수행법은 어울려 존재함의 통찰력을 더욱 견고히 해주는 삶의 지혜인 것입니다. 그러니까 모든 것들이 서로 연결되어 있으며 고통과 행복은 동떨어져 존재하는 것이 아니라는 것을 깨닫게 해주는 '어울려 존재함'이라는 통찰력 말입니다.

이러한 수행법을 따라가다 보면 우리 일상 속에 공(空), 무상(無相), 무원(無願), 무상(無常), 무욕(無欲), 내려놓음, 열반의 깨달음을 적용시키는 구체적인 방법으로 활용할 수 있습니다.

이는 의식적인 삶의 기술, 즉 우리를 변화시키고 타인과 나의 가족, 사회와 지구를 치유하는 기술인 셈입니다. 이 수행법을 통해 우리의 미래 세대에 물려주고 싶은 최상의 삶의 적용 방식을 구축해 나갈 수 있습니다. 이것은 행복에 이르는 길이며, 우리 자신이 그 길에 서 있다는 사실을 인지하는 것만으로도 그 길 위에서 평화와 행복, 자유를 느낄 수 있습니다.

● ● ●

다섯 가지 마음 다함의 수행법

1. 생명에 대한 존중

생명의 파괴로 인한 고통을 인지하며, 나는 어울려 존재함과 자비심의 통찰력을 키우는 데 전념하고, 사람과 동물, 식물과 무기물의 생명을 지키는 방법을 배우기 위해 노력합니다.

생명을 함부로 해치지 않으며 다른 사람이 생명을 해치는 것을 방관하지 않으며 이 세상에서 벌어지는 살인 행위에 동조하지 않고 머릿속의 생각과 삶의 방식에서도 살인을 저지르지 않으려고 할 것입니다.

화와 두려움, 탐욕과 편협함으로부터 사악한 행동이 시작됨을 인지하고, 이는 결국 이원론과 차별적인 사고를 불러일으킴을 알기에 나 자신과 세상을 향한 폭력과 맹신, 독단의 시각이 아니라 열린 마음과 비차별적인 태도, 집착에서 벗어난 시각을 가지기 위해 노력할 것입니다.

2. 진정한 행복

착취와 사회적 불평등, 차별로 인한 고통을 인지하며 언제나 생각과 말, 그리고 행동에 있어서 자애로움을 가지기 위해 노력합니다.

도둑질하지 않으며 남이 소유한 물건에는 절대로 욕심 내지 않고 내가 가진 시간과 에너지, 그리고 물적 자원을 필요로 하는 이들과 함께 나눌 것을 다짐합니다.

타인의 행복과 고통이 나의 행복과 고통과 서로 다르지 않음을 깊이 살피고 이해와 자비심 없이는 진정한 행복을 얻을 수 없으며, 부와 명예, 힘과 감각적 쾌락을 좇는 것이 더 큰 고통과 절망을 가져옴을 항시 마음속에 새기며 살겠습니다.

행복이란 외부적 상황이 아닌 나의 사고방식에 따른 것임을 깨닫고, 이미 행복하기 위한 충분한 조건을 가졌다는 사실을 기억하는 것만으로도 현재 순간 속에서 행복하게 살 수 있음을 기억할 것입니다.

올바른 생활을 수행함으로써 지구상의 생명체들이 느끼는 고통을 줄이는 데 도움을 주고 지구 온난화의 과정을 뒤바꿀 수 있도록 노력합니다.

3. 진정한 사랑

성적 무책임으로 인한 고통을 인지하며, 책임감을 키우고 개개인과 부부, 가족과 사회의 안전과 성실한 의무를 수행하기 위해 배움을 게을리하지 않겠습니다.

성적 욕망은 사랑이 아님을 알고 집착으로 인한 성적 행위는 나 자신과 타인에게 해를 끼친다는 사실을 잊지 않겠습니다.

진정한 사랑과 깊은 애정, 가족과 친구들 앞에서 영원을 맹세한 상대가 아닌 사람과 성적 관계를 맺지 않겠습니다.

나의 모든 힘을 다해서 성적 학대에 시달리는 아이들을 구하고 부부와 가족이 간통으로 인해 파멸에 이르지 않도록 돕겠습니다.

몸과 마음이 합일의 상태임을 인지하고, 나의 성적 에너지를 돌보기 위한 적절한 방식을 배우고 진정한 사랑의 네 가지 필수 요소인 자애심과 자비심, 즐거움과 포용력을 키워 나 자신의 행복과 타인의 행복을 극대화시키기 위해 노력합니다.

진정한 사랑을 연습함으로써, 우리가 영원히 계속될 수 있음을 기억하겠습니다.

4. 다정한 언행과 마음을 다해 듣기

무심한 언행과 타인의 말을 귀담아 듣지 않는 것에서 오는 고통을 인지하며, 다정한 말과 연민을 가지고 남의 말에 귀 기울이는 법을 배우기 위해 노력합니다. 이는 고통을 줄이고 화해를 이끌어내며 나 자신과 인종과 종교로 모인 집단과 국가들 사이의 평화를 가져올 수 있음을 기억합니다.

한마디 말이 고통과 행복을 결정짓는다는 사실을 인지하고, 진실하게 말하고 자신감과 즐거움 그리고 희망을 줄 수 있는 단어를 사용하기 위해 노력합니다. 만약 내 마음이 화로 가득 차 있을 때에는 되도록 말을 하지 않겠다고 다짐합니다.

내 마음속의 화를 깊이 살피기 위해서 의식적인 호흡과 걷기 수행을 하겠습니다. 잘못된 인식과 나 자신과 타인의 고통에 대한 이해심이 부족이 화의 근원임을 기억하겠습니다.

나와 타인의 고통이 변화하고 어려운 난관에서 벗어날 수 있도록 말과 행동에 항시 주의를 기울이겠습니다.

확실하지 않은 소문을 함부로 입 밖에 내지 않으며 분열이나 다틈을 일으키는 단어를 사용하지 않겠습니다.

항상 성실한 생활 태도를 유지하여 이해심과 사랑, 즐거움과 포용력의 능력을 키우고, 내 의식의 깊은 곳에 자리 잡은 화와 폭력, 두려움을 바꾸어 나가기 위해 노력합니다.

5. 마음의 양식과 치유

무심한 소비에서 오는 고통을 인지하며, 의식적인 식사와 소비를 통해 나 자신과 가족, 사회를 위해 정신적이고 육체적인 건강을 유지하기 위해 노력하겠습니다.

네 가지 종류의 영양소, 즉 적절한 음식과 감각적 인상, 자유 의지와 의식을 어떻게 소비하고 있는지에 대한 관심을 게을리하지 않겠습니다.

도박이나 알코올, 마약처럼 내 몸이 독이 되는 것들을 피하고 유해한 웹 사이트, 전자 게임, TV 프로그램과 영화, 잡지와 책 그리고 대화를 멀리하겠습니다.

나 자신이 주변의 신선함과 치유 그리고 자양분이 되는 요소들과 항시 닿아 있으면서 현재의 순간을 살 수 있도록 노력하고, 후회와 슬픔에 휩쓸려 과거로 회귀하거나 분노와 두려움, 집착 때문에 현재의 순간에서 벗어나지 않도록 주의를 기울이겠습니다.

외로움과 불안 혹은 다른 고통을 애써 지우기 위해서 나 자신을 소비하지 않도록 하겠습니다.

어울려 존재함을 항상 마음에 새기고 내 몸과 마음, 나의 가족과 사회, 지구의 집합적 몸과 의식 평화와 즐거움, 그리고 웰빙을 유지하기 위해서 시간과 에너지를 지혜롭게 소비하겠습니다.

• • •

작가 소개

선불교의 스승 틱낫한은 세계적인 영적 스승이자, 시인이며 평화 운동가, 마음 다함과 평화에 대한 강력한 가르침으로 전 세계인들의 존경을 받는 베스트셀러 작가이다.

틱낫한의 가르침의 핵심은 마음 다함을 통해 현재의 순간에 행복하게 사는 법을 배우는 것이며, 이는 나 자신과 세상이 함께 평화를 발전시킬 때만이 가능하다는 것이다.

틱낫한은 서양에 불교를 전파한 선구자로 북미와 유럽에 열네 곳의 수도원과 수십 개의 명상 센터를 세웠고, '승가'로 알려진 수천 개의 마음 다함 수련원을 전파한 것으로도 유명하다. 또한 전 세계적으로 700명이 넘는 수도승을 배출했으며 이밖에도 수만 명에 이르는 일반 제자들이 그의 가르침, 즉 마음 다함과 화해를 일상 속에 적용시키며 살아가고 있다. 전 세계의 학교와 직장, 회사와 심지어 교도소에서도 그의 가르침을 나누는 모임들이 있을 정도이다.

일찍이 마틴 루터 킹 주니어는 자애롭고 겸손한 스님 틱낫한을 '평화와 비폭력의 사도'라고 칭한 바 있다.

• • •

역자 정윤희

서울여자대학교 영어영문학과 박사과정을 마치고 부산국제영화제, 부천영화제, 서울영화제 등 다수의 영화제에 참여했다. 소니 픽처스, 디즈니 픽처스, 워너 브러더스와 CJ 엔터테인먼트 등에서 50여 편의 개봉관 영화를 번역하였으며, 동국대학교, 세종대학교, 중앙대학교, 숭실사이버대학교, EBS, IMBC에서 영미문학과 번역, 그리고 통역을 강의했다. 2018년 현재 하노이 국립 인문사회대학교 재직 중이며 번역에이전시 엔터스코리아에서 여러 작가의 좋은 작품을 독자에게 전달하기 위해 번역 작업에 매진하고 있다.

주요 역서로는 『비밀의 정원 1, 2』, 『스노우 화이트 앤 더 헌츠맨』, 『거울 나라의 앨리스 : 앨리스의 끝나지 않은 모험』, 『메리 포핀스』, 『지킬박사와 하이드』, 『렛 잇 스노우』, 『피버 드림(펜더개스트 시리즈 6)』, 『가디언의 전설 시리즈1~5권』, 『하울의 움직이는 성 3~4권』, 『실버라이닝 플레이북』, 『악어와 레슬링하기』, 『힐 하우스의 수상한 여자들 : 코트니 밀러 산토 장편소설』 등 다수를 번역하였다.

삶의 지혜

2018. 8. 10. 초 판 1쇄 발행
2022. 3. 4. 초 판 2쇄 발행

지은이 | 틱낫한
옮긴이 | 정윤희
펴낸이 | 이종춘
펴낸곳 | **BM** ㈜도서출판 **성안당**
주소 | 04032 서울시 마포구 양화로 127 첨단빌딩 3층(출판기획 R&D 센터)
     | 10881 경기도 파주시 문발로 112 파주 출판 문화도시(제작 및 물류)
전화 | 02) 3142-0036
     | 031) 950-6300
팩스 | 031) 955-0510
등록 | 1973. 2. 1. 제406-2005-000046호
출판사 홈페이지 | **www.cyber.co.kr**
ISBN | 978-89-315-8257-4 (03200)
정가 | 14,800원

이 책을 만든 사람들
책임 | 최옥현
진행 | 김해영
교정·교열 | 박재언
본문·표지 디자인 | 상:想 company
홍보 | 김계향, 이보람, 유미나, 서세원
국제부 | 이선민, 조혜란, 권수경
마케팅 | 구본철, 차정욱, 나진호, 이동후, 강호묵
마케팅 지원 | 장상범, 박지연
제작 | 김유석

■ 도서 A/S 안내

성안당에서 발행하는 모든 도서는 저자와 출판사, 그리고 독자가 함께 만들어 나갑니다.
좋은 책을 펴내기 위해 많은 노력을 기울이고 있습니다. 혹시라도 내용상의 오류나 오탈자 등이
발견되면 **"좋은 책은 나라의 보배"**로서 우리 모두가 함께 만들어 간다는 마음으로 연락주시기
바랍니다. 수정 보완하여 더 나은 책이 되도록 최선을 다하겠습니다.
성안당은 늘 독자 여러분들의 소중한 의견을 기다리고 있습니다. 좋은 의견을 보내주시는 분께는
성안당 쇼핑몰의 포인트(3,000포인트)를 적립해 드립니다.
잘못 만들어진 책이나 부록 등이 파손된 경우에는 교환해 드립니다.